看山是山

本书为你找出生活压力的根源　讲述禅的力量　阐述禅与领导力

看山不是山

本书教你怎样化冲突为机遇　既见森林 更见树木

看山还是山

本书教你从结构到反结构

解读内心切身感知

实现禅道最高使命

本书通过一系列实践课程、当代的事例和古老而又意味深长的禅宗故事，开拓读者思维，跳出平日思维定式，以帮助和促进读者获取交际、婚姻、商业、管理等方面的成功。

白领禅

[加拿大]史蒂文·海涅（Steven Hene）著
丘丽君 译

中央编译出版社
Central Compilation & Translation Press

图书在版编目（CIP）数据

白领禅/(加) 海涅著 ; 丘丽君译.--4版
-- 北京：中央编译出版社，2013.7
ISBN 978-7-5117-1513-5

Ⅰ. ①白… Ⅱ. ①海… ②丘… Ⅲ. ①禅宗－人生哲学－通俗读物 Ⅳ. ①B946.5-49

中国版本图书馆CIP数据核字（2012）第245860号

白领禅

出 版 人	刘明清
出版编筹	谭 洁
责任编辑	邓永标 程 远
责任印制	尹 珺
出版发行	中央编译出版社
地 址	北京西城区车公庄大街乙5号鸿儒大厦B座（100044）
电 话	（010）52612345（总编室） （010）52612371（编辑部） （010）66161011（团购部） （010）52612332（网络销售部） （010）52612316（发行部） （010）66509618（读者服务部）
网 址	www.cctphome.com
经 销	全国新华书店
印 刷	北京紫瑞利印刷有限公司
开 本	880×1230毫米 1/32
字 数	120千字
印 张	5.75
版 次	2013年7月第1版第1次
定 价	48.00元

本社常年法律顾问：北京市吴栾赵阎律师事务所律师 闫军 梁勤
凡有印刷质量问题，本社负责调换。电话：（010）66509618

目录

写在前面的话

本书部分内容曾出现在以下期刊文章中：《人际交往的典范——禅师公案》，（《中国哲学杂志》，30/3-4(2003):525-540；）《职场中的禅——以反结构强化结构》，（《环球商务语言》，9（2004））；《反思日本商业与社会价值关系的话语》，（《国际商务语言杂志》，15/2(2004)）。本书第28页的“沩山灵佑禅师踢倒净瓶”图出自日本京都龙安寺（西村惠信译注的《无门关》也有此图，东京株式会社岩波书店1993年版本）；第96页的百丈怀海禅师手持拂尘像被供奉在日本最乘寺（又名大雄山），小田原市附近。

谨以《白领禅》一书献给我的老师！他有时会用力敲桌子，敲到桌面留血渍。记得一个热气蒸腾的夏夜，我们在一家24小时便利店的停车场候车，我永远都记得我们大声欢笑的一字一句。愿老师安息！

没有良师益友的大力支持与协助就没有这本书。我要特别感谢牛津出版社的辛西亚·里德，她从一开始就对这本书的出版信心满满并且多方面编辑草稿，远远超出职责所在。

几位极有见地的助理热心协助本书的出版，其中包括杰西卡·雷耶斯和梅丽莎·sekkel。克里斯蒂·娜萨索和帕特里夏·冈萨雷斯也对此书有所贡献。特别鸣谢桑迪·阿维拉、Maria Cubau、卡门·库萨克、Claudia G. Flores、Erin Weston等提供部分草稿内容。感谢禅修道友克里斯·艾夫斯、丹顿和戴尔·赖特的指教。他们都知道我本该当一名医生。

声明然后感谢搭便车去纳什维尔一路上听到的野猫嚎叫声……

免责声明：本文含有夸张、曲解或断章取义的内容，小心！祝您阅读愉快！

这本书，好比古老的九州书信，致所有天使般圣洁的嬉皮士，他们知道自己是谁。

（加拿大）史蒂文·海涅

序言

活用禅

我在日本时，常被问起来日本的目的。人们预期的回答是："和许多外国人一样来日本淘金。"当我说研习禅道时，他们往往会不解地问，为什么美国人对如此老掉牙的传统这么感兴趣？在子弹头列车上，曾有乘客对我说他从不去寺庙，因为"看过一个就等于看过全部。"

另一方面，一个在日本工作的美国朋友听日本同事说：如果想更好地理解公司结构，她得对日本宗教有所了解，尤其是禅宗。他们举例说，自从1937年基于某种信念培训开始，全世界每一家松下工厂的员工在上班前背诵七大精神，强调服务品质、公正、团队合作、奋斗向上、谦逊礼让、适应同化与感恩的七大精神。随着时间的推移，我开始意识到朋友的日本同事是对的：不明白商业与禅背后的深刻联系，我们无法领会日本商业行为的驱动力。与此同时，我愈发觉得美国商业同样能受益于禅，改善秩序和自我管理，创造互惠互利的生产力。

这不是一本禅道著作，不提供历史分析、禅修指引或寺院仪规。既不讲东亚禅宗体系的制度或文化形成，也不指导如何冥想。这方面的优秀学术著作与著名畅销书很多。

本书旨在运用以禅为基础的直观了悟经验，这是一种本有状态，不是思维过程。在大师们的典籍中，禅心以看似乖僻、无礼、不寻常的行为呈现。这些典故中的主角们以互扇耳光或其他出格举动闻名于世，例如跳树桩、砍手指、公然无视严苛的僧规戒律。他们不像无政府主义宗教暴动那样破坏传统社会规范，反而因其独具匠心，加固和强化了被我称为反结构的体制结构。（反结构一词出自人类学家维克多·特纳[①]）

禅修有助个人交往和商业交际。然而《白领禅》公私分明。私生活以个人相互间亲密的情感交流为主，在职场中却必须放下私人情感，避免追求共同目标时产生偏见或任人唯亲。

《白领禅》一书的益处在于帮助你处理工作职位或地位受挑战的状况，像是升职被拒、被延期或是接到棘手任务的例子。与其让困境酿成冲突或者跑马圈地、狭隘应对，不如保持清醒专注，化绝境为发展良机。

禅真的适合单调的现代社会生活吗？真正的参禅悟道不是要在日式庙宇中打坐吗？不是要跋山涉

① [苏格兰]维克多·特纳（1920－1983），20世纪六七十年代相当活跃和多产的人类学家，著有《仪式过程：结构与反结构》等.著作。

水，一边呼吸高山空气一边陶冶情操吗？的确，移植源自东亚中世纪隐逸传统的禅宗哲学存在历史和文化的藩篱。不过我认为，参禅得道的方法既不是正式的入寺修行也不是隐遁世外。禅经上有一句中国古话："大隐住朝市,小隐入丘樊"。

禅强调人们熟知的灵性，我们或多或少都有的，可用百法千门实证的灵性。禅宗认为，我们在日常生活中易受直觉和本能掌控，不是机械就是混乱地做出反应和行动，然后试图用逻辑压抑因为执着或偏见而起的负面情绪。我们试图"客观中立"。然而，当理智无法处理人际危机时，有必要退避三舍，在日常生活的尘嚣之外体验平静。

坐禅（打坐冥想)带你进入定静的状态，不论在家打坐还是与僧伽（僧众）在佛堂。坐禅的目的是学会倾听内在声音，引领我们进入更深更广的观照和体悟。禅的另一种修行是参公案，自相矛盾或不合理的禅宗公案（唐吉柯德式的言论、教育学上的谜语）,例如"只手音声"或"狗子有无佛性（内在自性）？"

许多人找到自己倾听内在声音的方式，不一定与宗教有关。包括放下嘈杂俗事静心独处、远离人群，或者听音乐、散步、待在林间或海边。对其他人来说，跑步、锻炼、运动、表演或唱歌，或者练瑜珈这样的活动和训练能实现内心平静。参与社区服务或宗教仪式活动是另一种方式，帮助我们放下那些有碍内省的日常牵绊。一位研究当代宗教的学者曾说过，美国主流宗教组织的没落不代表灵性衰落：“现在的人们说，在海边、在夜晚、在苍穹下、在人和人之间、在服务工作中，皆有上帝”。

坐禅或参公案以及上述方法都可以理解为开启内在光明的有用工具或手段，而不是目的本身。类似萨满教的显灵术[①]、感觉剥夺[②]、古典禅宗大师喜好的漫步荒野同样有效。

然而，禅的本质不在于某种特定风格的修行，而是在外在实相中对内在自性的了悟。和大多数宗教不同，禅不离世证道。它在提供一种集中全面的方法修持直觉能量时，展示生命自主的重要。禅增进清明觉醒的体验，我们常常在日常事务的沼泽中和它失之交臂。它强调实相的两面性，没有非黑即白。从失败的关口夺取胜利，反之亦然。吸取失败教训，让胜利长青，这一切取决于我们对风云变幻适应与否。禅经中，自认为行将证悟的和尚“不过是野狐禅”，一度看起来完全失败的人却“置之死地而后生”。

探寻你自己的禅

探访东京北部深山中雄伟的日光城神社时，

① 萨满教是在原始信仰基础上逐渐丰富与发达起来的一种民间信仰活动，它曾经长期盛行于我国北方各民族。

② 心理学著名实验，从心理学与外界刺激隔绝角度来说，有机体与外界环境刺激处于高度隔绝的特殊状态，就是感觉的剥夺。

我从车站攀行到主峰，在水流湍急的“神桥”边停下。流水的倾泻声淹没所有纷扰，先是盖过任何能被“听见”的身心活动，营造出醍醐灌顶般的寂静，使人自发进入沉思态，让我能专注思考一些问题。我想起禅偈：

“溪声便是广长舌，山色无非清静身①”

坐下一会后，我发现可以用意念控制和转换水流声大小，就像用收音机旋钮调节音量高低一样。这种体验，从原始的，当下的感知开始，在“练习自我训练的能力”方面给我上了重要的一课。

反思这段经历，我体会到如何是禅意，也意识到禅是不断进化，非常个人的。即便在古典时期，禅也不是单一、单纯的意识形态或纯粹、原始、自主的宗教体制，而是与文化背景密不可分。禅是复杂的历史现象，包含各种宗教与社会潮流并成为其中一部分，同时大量吸收与同化其影响。今天，禅依然是“一整体的融合”，融汇交织几个世纪以来形形色色的宗教与社会元素。禅之所以为禅，因其独有的特色和风格，然而禅不仅仅是禅，因其多元与普世。

我想起计算机映像文件在系统间的传送：每次移动，边缘四周看起来有些模糊。正如禅宗的历史，原先在东亚国家散播，现在喷洒到美国海岸。

① 著名诗人苏东坡因闻溪水夜流声而悟道，作偈呈常总禅师：“溪声便是广长舌，山色无非清静身，夜来八万四千偈，他日如何举似人。

然而模糊不应被理解成质量下降，传送过程中获得与强化了更多东西，例如操作与强化文件的能力。貌似质量下降的运动实际上是一场革新。

19世纪末禅宗初入美国，以零散、专属、独特的面貌呈现，而不是内涵统一的整体。对许多人来说，禅宗是日本移民社区的民族宗教，尤其在夏威夷、加利福尼亚和巴西。在日本，禅宗传统的主要作用之一是在葬礼、殡仪、一年一度的盂兰盆节或鬼节时为大众提供纪念先人的礼仪。不过，日本禅宗的传统体制结构并不是一成不变地在延续，随着不同族裔逐渐融入美国社会，宗教生活的样式已被重塑。

对于在主流犹太基督教之外寻求神圣精神慰藉的美国人来说，禅宗亦是“圣坛的替代品”。现在涌现出许多一派繁荣的禅中心，有中国、日本、韩国或越南僧侣创建的，也有行遍千山、苦心诣旨，追随真正的禅宗传统或血统的西方求道者开办的。新兴的禅中心遍及城市与郊区，从西海岸到全国各地。无论他们多么依循传统模式，其操作样式都受到西方文化态度的限制，尤其涉及性别角色、个人权利、环境与技术议题时。

美国禅宗还包含其他更宽泛的内容。许多知识分子与神秘主义者受精神治疗、文学、新时代灵性复兴的多元影响，寻求以禅修达致内心平和。禅通过提升自我的觉醒承诺内心平和的实现，成为人们喜爱和向往的对象。

尤为引人的是禅宗在传统中国与日本衍生出丰富多彩的艺术形式。从文学、美术（诗歌、绘画、书法）到武术（空手道、剑术、射箭）以及实用工艺（园艺、插花和茶道）。禅宗的艺能是现时代取得的成就，不依附于人或物，不以自我中心为追求，也不纯粹为了认知本身。

禅宗传入美国的另一重要因素是无敌剑师宫本武藏在《五轮书》中撰写的战略战术。这些著作一直被企业与管理界引用并作为现代商业经营的教科书。

修禅之道在类似罗伯特·M·皮西格的《万里任禅游》这样的书中得以提炼。这本书是对奥根·海立格尔《箭术与禅心》一书及其众多模仿者的提升。皮西格在书中用摩托车比喻内在成长，开篇妙语：

“你真正骑的，是一辆叫做‘你自己’的摩托车。”

摩托车可有可无，可以更换，然而内在自我的直觉层面，即禅说的“不动心”，不论千变万化依旧泰然自若。

摩托车的比喻让人想起禅宗挟日本流行文化之势广为传播的渠道，例如动漫（日语Manga）和武术。这些文化现象伴随《奥兹王国的禅》、《维尼熊的道》、《道–琼斯》这些源源不断的书籍，帮助禅宗渗入公共意识。

因此，你拥有无数可能去探寻适合自己的修佛或禅定方法。我记得准备第一次去日本做一年研究时，我听到太多截然不同、自相矛盾的说法：东京是世界上最令人激动的城市或是东京拥挤不堪，丑陋无比；日本人开放真诚或是日本人决不信任外国人。我问我的日本老师，应该期待什么样的日本？她说：

“期待发现你自己的日本”

我儿子最近参加中学高级写作班，几乎天天都要写不同风格的诗，反映个人经历或心态。在最后的报告阶段，他要收集几十首自己写的诗编成一本书。妻子说，有一首诗写他开朗健谈，几个星期后的另一首诗却提到某些内向害羞的个性，如果老师注意到这些自相矛盾的地方怎么办？我建议儿子如果遇到这种情况，他应当大声对老师说：

“嘿，不要给我条条框框”

这个建议同样适合职场中的禅，它会因人因境而异。禅宗历来提出一些听起来矛盾透顶，用在具体的人类经验时却合情合理，令人信服的见解与态度。当你阅读这本书思考职业生涯时，千万不要被任何假设束缚。寻找自己独有的禅即是自我的内在发展，它会帮助你有力地克服压力，让你不再常常失望，战胜外在因素制造的虚幻。禅谚云，是时候“捋虎须”了。

第一部分
看山是山:日常压力的根源

时有风吹幡动，一僧曰风动，一僧曰幡动，议论不已。
慧能进曰：“不是风动，不是幡动，仁者心动。”

——《六祖坛经》

第一章

禅与领导力

日本商业和社会价值

现如今的职场达人都在想方设法创造进步成长的机会，减少导致易怒低效的倦怠状况。盛气凌人的老板对员工颐气指使或铁腕统治的独裁者命令员工无条件服从的时代正迅速陨落。

《这就是美国》杂志的一篇文章，《怪物经理》写到：

“我们都知道他们什么样，有些人甚至为他们工作过。可就像恐龙一样，他们的好日子到头了！”

现代经理人应当成为激励和鼓舞人的领导，为实现共同目标营造有凝聚力的氛围。成功的领导者培育团队合作，以便支持个人创造力和锻造团队。《经济学人》杂志最近广告招聘一名主管，要求符合如下描述：

“具备出色的沟通、协商、影响力；要求您受人尊重，信誉良好，建立有效的伙伴关系；能激励员工并增进包容”。

第一章禅与领导力然而，等级结构和企业组织往往用日常竞争挫败合作的努力，导致紧张和冲突。因此，现在很多专业人士转向可替代的价值来源，以便在磨炼人才保持竞争力的同时缓和冲突因素。《这就是美国》的另一篇文章，《灵魂供给者》写到：“越来越多的公司倾向员工的精神层面——关注员工的繁荣”。据笔者调查，百分之八十的CEO“试图在未来的全方位战略中发挥员工的精神价值”。

白领经理与类似主管们研究各种形式的神秘主义，从卡巴拉和贵格教到瑜伽与禅宗，阅读《耶稣传记》、《职业经理人》、《佛在职场》这样的书籍。宗教精神提供一种普世积极的视角，供给心灵的平和与清明。迈阿密先驱报曾报道说：“从圣经到瑜伽，职业人士们留出时间静思”，该报道列举无数人因此感到更灵敏和更放松的例子，一名参加冥想的会计师说，

“我回归自己，帮助我达到内在平衡”。

《白领禅》纳入传统禅修方法，帮助你在处理

日常商界事务时变得有说服力,有效率。中日禅宗黄金时代的大师们（尤其九世纪到十三世纪)在不动心中练就的化性功法已臻于完善，不动心的特点是坚定不移的确信，伴随灵活和应对困境的能力。为了长久修持这种状态，禅宗大师们建立寺院修行制度，其严苛不亚于人类文明史上任何形式的修炼。

但是这些训练有素的大师们同样也是古怪无礼的，某种程度上近乎亵渎神明。他们流露出人们闻所未闻的强烈讽刺和荒谬感。他们的言行表达欣喜若狂的自由，冲破所有传统体制的束缚。在规范或结构因素与反面的不规范或反结构力量之间，存在着不可思议的积极紧张关系，留有一条通往职场人际关系的创新道路。

日本社会价值的极大魅力激发了近期的禅宗热，成为商业领袖寻求效率最大化和团队合作的灵感来源。然而不难理解的是，对日本价值及其商业实践影响的赞赏，一直随着市场兴衰起起落落。

二十世纪七、八十年代“东亚经济奇迹”时期，日本与东亚四强（韩国、台湾、香港、新加坡）一道被喻为亚洲虎（或亚洲龙），美国公司竭尽全力，从内到外，学习全球经济主要贸易伙伴——日本公司的成功秘诀。畅销书排行榜推荐类似《日本第一》《西方人的现代日本精神指南》、《东亚四小龙》这样的书籍。

引入凯贞法[1]控制质量的努力和不断的技术改进，催生了出版繁荣。据说，日本商业通过团队合作管理与责任分担的标准化制度，掌握长期规划和确保客户满意。一个典型的评价是："日本公司提前思考四分之一世纪，美国公司只想着下一季"。

经济繁荣仰赖难能可贵的社会价值是一个必然的结论。经济昌盛体现传统精神与现代生产方式的独特结合。基于儒家的严格守则，禅宗所实践的牺牲自我的忠诚和严守纪律，被认为是"新教徒职业道德"的东方强化版，非常适合现代职场。泡沫经济时期领导日本最大的百货公司——"三越"公司的经理认为，"我们成功是因为我们融合了西方务实的管理技术与东方的灵性和直觉。"

如果说当年美国对日本有什么担忧，那是因为日本似乎被假想成全球经济中过度主导、几乎目空一切的角色。美国人害怕这个曾经的军事败将真的打赢新兴经济战。"从珍珠港打到华尔街"是当时的一句谚语，还有自由女神身穿和服以及这样的排日调调，"如果你的孩子打喷嚏、狗狗长跳蚤，骂日本人！"

八、九十年代的美国电影对日本伦理褒贬不一。这些电影包括《工合》，描述一家日本公司接管一家倒闭的美国汽车厂；《黑雨》，一部关于日本黑帮操控经济势力的电影；《旭日》，暗示以日

① 著名诗人苏东坡凯贞，Kaizen是一个日语词汇，意指小的、连续的、渐进的改进。

本企业为首的跨国公司阴谋；还有《棒球先生》，讲述一位美国体育明星对日本严苛生活方式的不适。

随着经济泡沫的破灭，尤其一九九七年市场崩溃以来，现在的日本看起来如此黯淡，以致于被称为“困境中的一潭死水”。解构日本商界成为新的趋势，无数书籍聚焦日本经济低迷的成因。有的书强调株式会社或日本企业机构的不足，揭示其根本上的僵化如何导致停滞、任人唯亲与低效，而不是动态变化与成长。日本公司曾将功劳归为不可思议的长期规划，现如今，据说这些公司受到偏好战前财阀垄断趋势的国有政策保护，实行短视的不良贷款和投资策略。在《迷失的日本》、《恶化的系统》、《揭密日本》这类标题背后，从众心理文化和对家元[①]（公司创始人）的盲从已然成为其他公司的反面模型。

武士和隐士

观念的变化是否意味着日本社会价值与美国商业突然毫不相关？还是说仍然存在一些有启发和实用的价值？在流行文化层面，忍者、任天堂[②]、日本动画（动漫）这“3N”[③]。的持久吸引力，证明以最

① 家元，掌门人，师傅，宗家的意思。

② 任天堂，日本最著名的游戏制作公司。

③ 忍者、任天堂、日本动画的英语开头字母都是“N”，所以是3“N”

新高科技特效创造性呈现的，讲述圣人、武士勇斗幽灵、食尸鬼、魔王事迹的日本传统民俗在不断升值。

许多人将目光眺过经济的起起伏伏，汲取亚洲神秘主义思想无穷的智慧。禅融合了日本中世纪两种看似矛盾的行为典范菁华，即武士和隐士，因此能有效应用于现代事务。

中国古代名著《孙子兵法》和日本名著《五轮书》一直是商学院（或军事学院）多年来的必读书目。在马克·麦克内利的《孙子兵法与竞争的学问》中，经理人六项战略修炼的其中两条就是“避实击虚”和“以速度战胜对手”。凯哈·克里彭多夫在《决胜商界三十六计》中提出，在可口可乐与百事可乐、沃尔玛与西尔斯、麒麟啤酒与朝日啤酒的一些主要战役中，获胜者普遍将成功归结为对孙子兵法基本策略的运用，尽管大部分人是无意的。

《孙子兵法》的教导帮助企业利用对手无力适应变化从而抢占先机。在企业公开战中，诸如中世纪日本武士的各种“调虎离山”计都可以作为企业的策略。用诱饵和伪装制造埋伏让对方缴械并击败对手的各种方法，提供了现成的谋略模版。这些计谋被设计用来掩盖自身弱点和减少损失，同时毫不留情地揭露和攻击对手的薄弱地带。

例如，如果你的主要竞争对手以分布在市区的超市闻名，那么有必要引诱他们到你的郊区据点竞争，看着他们透支资源濒临崩溃。拘泥某种特定策略对其他对手也许无效，竞争对手一补救，就必需转变策略。《孙子兵法》的特点是对多重谋略的无限领会，避免落入陷阱，困在或固定在任何特定视野上，它们会迅速过时或产生递减效益。

无情、操控、赢家通吃的《孙子兵法》，使用欺骗、故弄玄虚、口是心非的手段，适合用在公司间的竞争。当胜利成为目标时，这种范式运行良好，就像小说版与电影版的《旭日》都提到的一句话："商场如战场"。

但是在公司内部与同事或同行相处时，与他们合作并分享荣耀很重要，必须用隐士道的典范和方法修正补充《孙子兵法》，藉由退让和放弃小冲突做到沉着冷静。隐士是恪守原则和全心全意忠于理想主义的原型。

在武士道和隐士道的整合中，禅宗修行提供了适时的新范例：思想明确和行动有素，建立和谐的人际关系，实现互惠互利的目标。公司内部世界是竞争性的，因为人们在受限制和约束的环境中争夺晋升、加薪、奖金和资源。蛋糕可以被切成许多小块，钞票却不能复印。要在商业领域内成功，就必需发展株式会社或确保顾客满意的质量控制方法，同时减少守旧株式会社的越轨或通过传统手段培养专注集中的僵硬方法。

和《孙子兵法》一样，《白领禅》的特点是灵便，让别人不断猜测，自己却不乱阵脚，同时拥有调适环境变幻的能力。《白领禅》力求剔除缺陷并突破自身条件的最大限制，将困境和阻碍转化成进步良机。一些观察家认为，这种能力使日本公司改良他们的全球拓展，从经济困境中复原。

武术谚语说，危难关头唤起所有能量：“集毕生功力于一拳”。只有唤起隐士道，在超越日常思维的直觉基础上摆脱狭隘视野，才有可能实现。

这样做的目的是通过此时此刻充分地行动反应，自发却有决断有策略地处理危机，毫不迟疑地抓住机会。相比许多依靠彼岸真理的自我成长道路，禅开发我们每个人都拥有却不一定意识到的，我们自身切实圆满的潜力。禅发展缜密有力的言说或沉默的技巧——运用语言或无言有力地说服那些不支持合作的人，为日常交往带来正面影响。

《孙子兵法》告诉人们怎样使用拖延、威慑、激化矛盾进行操控，《白领禅》讲的却是如何简明和谐地克服挑战和实现共同目标，把蛋糕做大或者实现所有共事者优先权利的公平分配，我们用“知己知彼（你的同事），百战共赢”代替《孙子兵法》的“知己知彼（你的敌人），百战不殆”。

如何一心不乱？

一心不乱的特点是坚定不动摇，源自自信和内在力量。面对纷扰，心念平稳确定，不受散乱或障碍干扰。如如不动的不动心，处变不惊。即使面对高危风险或巨大质疑，也没有什么力量能够动摇自心不动。

然而，不动心绝不意味着僵化，它的心念是客观反省的。不动心采用遁世先验的隐士道，为根除偏见的种子摒弃个人利益。隐士、孤独的艺术家、苦行僧或朝圣者在灵性真理的追寻中抛弃世俗的执着，愿意放弃所有欲望和执着的求取。在抽离或超脱情绪后，他们以完全中立的视角客观看待世界。

与此同时，禅心警醒灵敏，无惧以积极的勇士或武士手段消除和解决冲突。像无数传说中的名士那样，武士遵循武士道荣誉，摒弃个人利益，对更高的权威者耿耿忠心。如果主人被杀，浪人活着只为了报仇然后自杀，他们是群龙无首的武士，实际上是漫无目的漂浮在任何组织之外的“流民”。武士的强硬战略源自这样的假设：“弱肉强食；凸起的钉子钉得深”，因此必须执行严格的纪律。

武士典范以群体为导向、以结果为基础，似乎与无拘无束融入自然的隐士格格不入。不过两者都强调奉献精神和自力更生，放弃个人利益而忠于更大范围的福祉。白领禅试图融合武士和隐士，武士一直致力于创造变革，在堆积如山的日常事务中朝着富有成效的谈判前进，隐士则安住高处，超越世俗的混乱。看起来一动一静的两类人，都具有完成使命的决心和毅力，排除万难，在所不惜！不动心不是保持超然独立，而是在具体事务中鞠躬尽力，施展威信打破樊篱，建设性处理僵局。

用一句典型双重反讽的禅语回应压力议题："大惊小怪什么？日日是好日子"。你也许会认为这是对现状的简单肯定，似乎不需要灵性成长，不需要重建优先次序或增长技能。其实这句话的真正含义是，你的自控力能让每一天都美好。你学会让目光穿越这个平凡世界的苦难与磨难，超越痛苦和欢乐、悲观和乐观，超越其他的人为对立。

藉由强化当下对错综复杂等级层次的理解能力，激发魅力或不拘泥成规的自由创造力，禅心或不动心有助于成就专业领导技能。专业管理者和禅师一样，在不完美世界中衡量各种提议的相对优势时，明白何时收放。不管用轻柔还是强硬的训练方式，两种领导者都拥有细致有力地管理项目和人事细节的诀窍。看到员工或徒弟过度劳累或入不敷出时，他们能用安抚和宽容的方法加以纠正，就像禅语说的："为止小儿啼"。不过，他们也能快速有效地评估同事或下属，如果需要借此未雨绸缪的话，俗话说："良药苦口利于病"。

我的一位上司是各类学生以及下属同事的启蒙导师，是一个在日语中叫做"前辈（senpai）"的角色（sen代表前者，就像先生Sensei或老师）。前辈总是想尽各种办法助他人一臂之力。他有些可贵的学生，他对他们不吝赞美，敞开大门。结果，我们很震惊地听说他粗暴地对待一名高徒，后者离开他的门下另谋职位。前辈曾为这名弟子的成就感到骄傲。她第一次打电话征求前辈意见时，他乐于帮忙，可是她第二次身处危机打来电话时，前辈告诉她没时间，然后挂掉电话。

这个学生的第一反应是导师已放弃她,因为危机是她自己酿成的，导师束手无策。这名弟子花了好几个月时间疗伤。当她后来意识到导师一直以来的目的是驱使她更加自立时，她终于能够回首过去，感激那无异于一记耳光的当初。站在新的角度，她体会到前辈那粗暴外表下慈爱温柔的一面，他根本就没有背弃她。一段时间后见到前辈时，她特意去握他的手。孔子说：“举一隅而不以三隅反”，前辈对学生的教导与儒家教诲相应。

禅宗经典教义告诉我们，泰然自若的心无法被撼动，哪怕是诱惑。13世纪的道元禅师，日本两大主要禅宗教派之一曹洞宗的始祖，从日本北部偏远深山的幽静禅院行至镰仓新府。几个世纪以来日本首府一直位于京都（据说很快将回迁），可是新幕府将军想在日本东部建立政权基地，急于在镰仓仿照中国建造规模宏大的寺庙。

受禅宗教派迅速兴起的启发，幕府将军召唤道元禅师，任命他担任建长寺住持，这是当时宏伟的新兴寺庙之一，留存至今。道元禅师对幕府将军待禅之道的腐败和世俗感到失望，毫不客气地拒绝了将军的任命，回到自己的山间隐处，回归一心严格修行的生活。道元禅师写下这样的诗句：“月光作筏，漂流海上，波涛颠不破，海风无处侵”。

这个插曲后不久，道元禅师听说有弟子表示考虑接受幕府将军的任命，于是把这名弟子逐出寺庙。他的座位被挖出扔掉，从此任何人都不准再坐那个地方。道元禅师，寺院的CEO，融合了隐士的崇高、超越常规与武士的勇敢奉献。他在寺院体制中从拒绝腐败关系，在组织结构内从解决冲突开始，剔除株式会社式的不足，为我们示范如何维持凯贞基础上的质量控制。

第二章

禅的力量

被误解的权力

专业关系作为等级结构的一部分，折射出权力的争斗。竞赛和竞争对于能力的考验与培养有用且有必要。在协商和谈判中，你也许想占据主导。然而，你不得不谨慎行事，因为“今天得罪人，明天要低头”。怎样才能让权力成为自身品质的一部分，而不是可以被剥夺或丧失的物件？《白领禅》试图澄清“有权不用，过期作废——只要不滥用”的观念。

热门电视剧《达拉斯》中，乔克·尤因通常把家族石油生意交给冷血、狡诈的儿子J.R掌控，一个令美国人厌恶透顶的角色。JR解读自己的成功秘诀是：“第一步是抛弃正直，然后，小菜一碟！”。有一集J.R惹了麻烦，乔克对天真的儿子鲍比寄予热望。鲍比不习惯拥有权力，很快就企图越权，于是遭到训斥。鲍比以他被授权做决策的理由为自己辩护时，乔克揪住他的衣领说：“我给你权力？那你一无所有，孩子！权力不是别人给的，是自己夺取的！”

然而在禅中，权力既非赋予也非夺取，更不是资本的累积。权力不是资历年限、学历证书、级别或地位的累加。权力也不应该通过恐吓攫取。真实与持久的权力来自品格的力量和真正的自信，源自无意间流露的尊严和承担责任的热忱。

因为超越了自我关注，你越少要求权力就越能获得同事的尊重和敬佩，他们认知到你一言一行的影响力。你越是超越这平凡的世界，就越能在其中游刃有余。隐藏的灵性层面如同看不见的树根，对职业生涯的枝繁叶茂至关重要。与其主宰他人，不如透过互惠互利的建设性人际互动战胜困难和增长动力。

《白领禅》通过培养内在自我及其对事情来龙去脉的把握，获取权力以促进合作和积极变化。在日本，人们彼此不说“祝你好运”而是“努力工作”，暗示机会在其中创造。然而，禅真正的力量不仅来自你的成就，你必须超越自身高度，投身更伟大的社会福祉。失败或胜利不被看作是个人的，便能从容应对成败。

第二章禅的力量组织是创意表达的载体，可以将目标转化为成果。进入组织结构是令人振奋的，因为它提供的命令路径能让你创造和实现梦想。可结构往往提供的是一条只能通往挫败的曲折道路。它导致预期无法实现，提供有限资源和看似无意义的阻碍，从而助长卡夫卡式的绝望。

你权限范围内的工作因体制内低效或混乱出问题时，官僚架构往往还会设置更多路障，好像要拼命挫败你寻求补救的努力。这是职业领域的22条军规。一旦平静被打破，繁文缛节和官样文章的机制就好像拥有自己的意志一般，坚定不移地维持现状。它不会为扰乱常规者提供任何支持或安慰，即使，或尤其是他们的目标是修正和改良。僵化与抵触革新被认为是日本商业体系垮台的部分原因，可是所有组织都有这个问题。

体现自由的组织结构不可避免地成为束缚的根源，甚至某种囚牢。你试图朝着更辉煌的成就和回报前进，结果却沿着绝望的牢笼来回蹒跚。步骤、程序、礼仪规则和规章制度令新手畏惧。证书、背景、经验、服务、年资、薪水、职级、关系基础之上的等级制度阻塞向上的流动。四处寻找解决办法时，你知道时间紧迫，你将是那个承担所有失败或绩效下降责任的人，或者失去威信和动力。感情用事意味着你注定会推开潜在支持者，制造绝望和失败的恶性循环。逻辑本身不能产生有效的解决办法。

前辈的朋友被一家金融管理公司任命为特别账户主管。这是她一直梦寐以求的升迁：新头衔、新办公室、新人员、额外的津贴和资源。她觉得自己晋升到大名的地位（日本封建时代的大领主），她现在就像中层武士在最高领导或将军的从属下监管下属。然而她很快就明白，这个特别账户由专项拨款和赔偿、突发事件和隐形部门主导，极有可能非常短缺。另外，她发现自己处在各类同事的压力下，在她对影响总体预算的某部分账户做出承诺前，他们寻求更多地协商。

接管职位后不久，她的“浪人情结”开始发作。某个美好清晨盯着电脑屏幕时，她意识到预算被削减了N千元，前一天钱还在。尽管账户原则上还在，好几项举措却不得不拖延或终止，还是说账户已不存在？这是可以轻易改正的字面或会计错误，还是重大误解或分歧的证明？难道她的权限范围有误？当她询问时得不到任何明确回复。会计人员只能告诉她预算有什么或没有什么，询问的其他人都说实际决定权在她手中，问了一圈毫无进展。她感到无能为力，好奇那些挡道和妨碍问题解决的人有什么意图？尽管晋升到核心位置，她却觉得被那个一直支撑她的组织隔绝和抛弃。

禅用中日传统的民间故事解释人类的动机，用狐仙寓言阐释挫折和失败的成因。在亚洲，狐仙是你被卷入迷魂网的重大标志。狐狸以人形出现在不知情受害者面前，象征阴谋诡计的瘴气，导致自我怀疑和追求愿望的挫折。它通常会附身那些品质有缺陷的软弱人士，例如任性的同伴、犯错的牧师或不忠的武士、所有背叛高尚行为准则的人。狐狸是不良倾向的标志，例如荒废生命的重要内容追逐无法实现的目标。

然而，乐善好施的佛总是与狡诈的狐狸一道出现，不是出于个人关系或忠诚，而是基于情势优劣的客观判断。不过，佛也许会模糊不清和无法辨认。狐狸和佛常常为了战略目的伪装冒充对方。辨认两者是一项高超的技艺。举棋不定时，“一心不乱”是辨别真理、真相与虚妄、幻觉的办法。幻觉使你容易受到焦虑和困惑的伤害，无法清晰明了地应对紧急情况。

东亚民间传说的独特之处在于善恶总是交织在一起，所以看到一方在另一方中的显现很重要。狐狸的作用不一定都是消极的，经历幻觉也有积极的一面，代表一种激励人的挑战。学会清除坏习惯是成功的关键。当象征内在缺陷或软弱的狐狸发生转变时，佛便以积极的形象出现，说明藉由发现内在力量修复了品质。

相对典型的神话传说，禅宗认为外部因素并不真的是外在，而是被视为内在理解层次的反映，不论内在是迷妄还是开悟。所有人都蕴含流露内心深处的狐性或佛性的潜能，因此这些外部世界的形象与内在品质不可分割。

心灵的黑夜

前辈的朋友对于管理复杂账户时被欺骗的怀疑会削弱她的实力，如果她因此犹豫并失去重掌权力的机会。怀疑常常抑制你自发行动和反应的能力。例如，瞬间犹疑使运动员丧失得分机会或是让表演者错失完美表现的良机。

不过，怀疑不一定只是紧张焦虑的根源，而是能够引向提升自我了解的深刻反省。禅宗的疑情即是有助开悟的一种体验，它会深入检验所有前提和假设。禅宗的疑情和基督教奥秘派圣徒所说的“心灵的黑夜”相似，你必须穿过无知和自欺欺人的黑暗深渊直至到达真知灼见的光明与高度。禅宗的疑情不对任何事物想当然并质疑每一种见解，用在个人发展的话，它能帮你充分地行动反应，不落后半步——这就是当下。相反，没有价值的怀疑沉浸在猜想和不确定中。

“不动心”善于化干戈为玉帛。当你不再执着自己的职位，权衡利弊有所取舍时，结果就是天时地利握在手中。藉由退让和互不侵犯，你会获得工作议程和优先事项的认可，以及清晰的时间表和所需资源。

按照禅宗的传统，即使最神圣和尊敬的事物也不过是可以嗤之以鼻的陋俗。临济义玄禅师（临济宗的开山祖师）的名言强调有必要揭去陈规陋习虚伪的外表，“逢佛杀佛，逢祖杀祖”。临济禅师坚持超越成见和执着，即使它们和终极圆满的模式有关。

有些讽刺的是，超越执着的重要性藉由激发它的对立面得到凸显，即典型荒谬的禅宗公案所讲的瞬间无知无觉。一个僧人推牛翻窗，他能把牛头、牛身、牛腿推出去，尾巴却出不去。自相矛盾的是，逻辑上过不去的大头通过了，应该轻而易举通过的小头却过不去。

这让人想起“富人进天堂比骆驼穿针眼还难”的圣经寓言。牛尾巴象征最后关头阻止你实现目标的自我、无知、执取。某个微妙瞬间产生的阻碍因素足以让前功尽弃。成功必须伴随百分之一百的努力以及技能，任何细微障碍都能让你绝望受挫。

提升—净化—激活（英文简写EPA）的过程培养人类意识的四个基本层次：情感或情绪，言说或沟通，思考或逻辑，了解或直觉。在这个过程中，如果你容许自己被情绪控制，不加自省地控制自己，很可能就会出言不逊。动荡、不安、恐慌或焦虑让你在错误的时间对错误的人说错误的话。补救方法就是提升和净化个人情感。当你站在客观、中立的隐士立场时，你就能明确表达更高的视野，有效促进建设性变革。你的情绪被驯服并蜕化成一种生产性和合作性的认知基础，使你毫不费力地以武士的创造力行动。

EPA（提升—净化—激活）的目标是用“机缘”解决冲突和紧张。这样的机缘表明，权力来自对生产力和对善意的稳定关注使各方受益的认知。为了避免职场中的对抗加剧冲突，往往以两败俱伤或至少一方失败告终，机缘以建设性和合作性的方式运用思维和语言，获取双方增强对话和交流意见的契机。机缘来自“不动心”的机敏和沉着，展现超然和公正的视角，符合藉由观照洞察和创造性能量所形成的公平、合理、中立的原则。

我们必须明确阻碍的原因而不害怕调查结果和被拒绝的可能，承认并接纳冲突的根源，才能借机创造深层的和解与决议。设想你正在等待预期的提升、奖金、升职、合同的消息，或是其他一些对积极工作的奖励或报酬。在期待辛勤努力和出色工作的回报时，你却得知可能推迟或不确定是否获得收益。为了打破僵局，有必要了解应得和实得，或某些无法实现的理想和实际情况间的差距，以保持期望的现实合理和谈判手段的灵活公正。

在禅宗看来，内在层面决定明心见性的程度。采用“机缘”方式的目的是借由与外界互动不断发展内在层次。除非在同事和同行的互动中检验并锻炼能力，不然你没有办法吃老本或自我满足。当我还是个孩子时，听到我父亲，他是一名医生，要去“练习”。我不理解他既然已经取得医生资格为什么还要一直练习。后来我逐渐明白，各种各样的专家和专业人士为了不断取得进步都需要在训练中完善技艺。每一次新情况都是一场决定谁握有真正权力的考验。没有人是一座孤岛，只有通过磨炼技艺实现共同发展才是真理。当你关注大众利益时，成长的初始动力一定会回到你身边。

机缘的实现有四个步骤，将在最后两章详细说明。这些步骤是灵活的指导原则，允许从无声到有声或结构到反结构的创造性活动，不是需要死记或盲从的一二三四。

当你能辨识当前结构的合法性危机时，这个过程就启动了。接下来是创造性地言说（第二步），以及当言说不起作用时的沉默（第三步）。第二步与第三步的主要问题是，遇到挑战时，你是说出自己的想法还是永远保持缄默?

禅修在平衡言说和沉默方面对专业主义有所贡献。不动心调节语言和非语言的使用以适应具体情况，调整或完全逃离成为束缚或压迫根源的结构。任何时候的言说或沉默都不应当受制于外力压迫，而是在选择有助于积极改变的表达方式中把握自我。这是你自己的选择！

语言和非语言都失灵时，我们需要一种形式更新颖的白领禅，这就是第四步，反结构路径。不动心的觉醒赋予你跨越等级或部门无形界线的权力。我们知道什么时候可以，什么时候不可以藉由非常规行为逾越协议或程序规则。结构创建标准框架指引人们的行为，引导和谐与合作，给人以激励和自由，就像严格修行的禅院生活方式那样，不过，它也可能成为束缚并导致压迫和僵化。

真正的权力来自理念和理想的权威，万事俱备就能跳脱千篇一律的模式。经典传说中的禅宗大师以扔掉或踢开重要象征，责骂或掌掴对手和学生闻名于世。他们看起来甚至像是在犯罪或指使信徒搞破坏，例如砍掉别人的四肢或者把猫斩成两半，他们质疑任意强加给他人或没有得到各方真正授予的权威。

尽管跨越结构需要冒风险，却适合并有益于进一步的互动和成长。的确如此，只要你不走捷径或不屑一顾，而是表露真正的谦虚和进行自我监督、自我批评的意愿。由于反结构不可预见且近似挑衅，也许会被过度滥用，被视为无政府主义或任意妄为。将“不动心”引入当代职场的过程中，白领禅努力寻求一种平衡的态度，在激发创造力的训练基础上强化而不是击垮结构。

两种入门法

禅宗的传统和现代教义都提到结构与反结构间的微妙平衡。在公元六世纪的中国，禅宗初祖达摩祖师写下入道（梵语Dharma，佛所觉悟的真理）的两种途径。一种是理入，在正式的寺院环境下修习经文。另一种是个人修行，通常在独居或隐居中开启顿悟。打坐和参公案最终联系在一起。神秘莫测，发人深省的公案在淬炼心性和发挥最大功效的过程中浓缩了经典禅宗的真正智慧。

在1950年代美国移植禅宗的高峰期，艾伦·瓦茨在《披头禅·方形禅·禅》一文中描述两种新的，当代的入门法，回应渐悟和顿悟的区别。首先，披头禅和诗歌创作，音乐家、表演者所体现的某种自发的精神觉醒有关。杰克·凯鲁亚克和加里·斯奈德那样的垮掉派作家，在孤独迷茫的大西北顶峰上，像山火瞭望台一样度过夏日，效仿中日传统的孤独朝圣者。

披头禅将禅意融入对醒悟的表达中，叛逆、反权威姿态和生活方式的禅意结合化为故作神秘的表达。艾伦·金斯堡在他的开创性散文诗（或“诗歌”）《嚎叫》中写到：“我看见这一代最杰出的头脑毁于疯狂，挨着饿歇斯底里浑身赤裸……天使般圣洁的西卜斯特渴望与黑夜机械中那星光闪烁的发电机沟通古朴的美妙关系……”

在赞赏披头禅抓住对结构的反抗时，瓦茨觉得这种方式太自我、主观和尖锐，失去祥宗的真正意味。瓦茨说，“如果你想把时间花在跳货车或沉迷查理帕克音乐上，这毕竟是个自由国度，没什么不可以”。但是，他推荐人们去真正的日本寺院修行以便深入了解禅宗的经典教义。

第二种方法是方形禅，考虑到现代性别角色和社会价值变迁，竭力效法传统仪式的方法。外国移民，日本民族社区和探寻各色神秘主义的非亚洲裔都修行方形禅。然而，瓦茨认为，方形禅在追求理智的真实和权威中，往往缺失了创造性的灵感和一心不乱的洞察。“怎么做”或做事方式和“做什么”或行动内容同样重要。在犹太神秘主义传统卡巴拉中有一句话，“比起看犹太法典的经文和评论，学生看老师怎么系鞋带能学到更多。”

披头禅（或反结构）和方形禅（或结构）这两种方法既能创造自由也能产生束缚，在了解这一点后，白领禅试图避免极端，灵活选择在结构内或结构外运作。白领禅灵活运用这两种互补方法中最强有力的部分，在规则内变通运作却不无视或违犯规则。

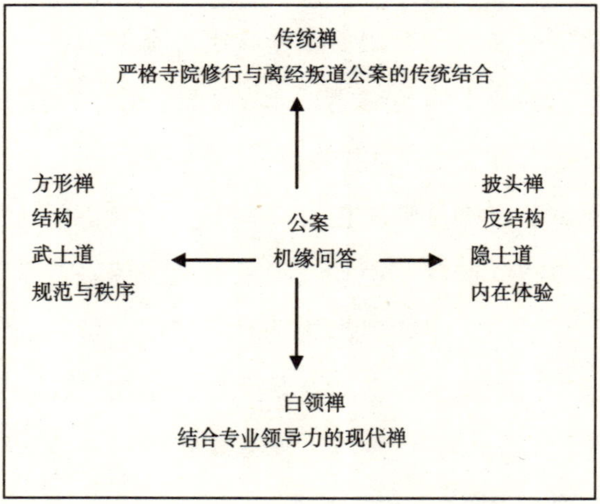

公案是理解既沉着镇定又自在灵活的“不动心”的关键。公案或“机缘应答”语录，最初留存在十一世纪到十四世纪大量的中日文集中。当时涌现出许多杰出却古怪和出人意料的禅宗大师，伴随着人们对超自然力量掌管神圣领域的普遍信仰，例如神奇的动物和鬼魂。这个时期还有孙子兵法的广泛传播，也源自高度精神觉醒和基于专注美德的兵法。

禅宗大师运用根植中华文化的民间传说和军事比喻，强调在竞争或“斗法”中努力实证灵性。公案是特殊的对话形式，以“应答模式”为基础，在师生之间以及对手或受训者之间发生。“机缘应答”的目的是毫无保留地以心抗心，优胜劣汰！常见的大多数例子是巫师和术士、上帝和魔鬼之间的斗法。他们也常常营造出一种军事密谋的氛围，禅宗大师好比绘制战争蓝图的将军。

公案语录记载的对话和非语言交流，展现禅宗大师是如何打破社会和宗教结构强加的语言以及等级的藩篱。“机缘应答”激发了禅宗所说的奇言异行。真正的创造力来自超越逻辑的直觉了悟，无法包含在反映主流组织结构的日常语言运用中。独创性以违背和破坏传统或常规的方式爆发。

举一个有趣的例子，百丈禅师要求他的两位大弟子，首座与后起之秀沩山进行比试。优胜者将会成为百丈禅师寺庙的住持。百丈禅师问了一个让徒弟进退两难的问题：“不得把净瓶叫做净瓶，叫做什么？”这类荒唐的命令迫使那些挑战者在常规语言之外即兴却笃定地交流。你必须立即反应且毫不迟疑，不受任何干扰地作出本能回应。通常没人能打败师父，一旦被击败，师父却是第一个承认失败的人。

首座和尚对净瓶问题的回答是："不能叫做木突"。他试图以其人之道还治其人之身，给出一个像问题那样荒唐的答案，可他对语言的依赖没有命中靶心。后起之秀沩山的回应是踢倒净瓶直接走开。他的动作风行开来，然后他领导了一座新寺庙。

沩山灵佑禅师踢倒净瓶图

沩山踢倒净瓶是禅宗记载中表现反结构的最著名案例之一，表达一种脱离传统等级和话语模式的想法。如果你想脱颖而出就不能走寻常路。你需要勇气尝试也许会被视为另类或疯狂的新方法。要创新就要冒风险。无法抓住独一无二的创新契机终将阻碍整体成就。冒险不是目的本身，只有将个性与怪癖融入团队合作和实现团体目标的责任中，冒险才有用！

公案语录表明了机缘第四步的重点。当语言或非语言都无法沟通时，真正的自信和创造力超越言说或沉默，建立在诚实与内在秩序的基础上，在打破等级结构模式中包容灵活和创新。在这个步骤前，你必须穷尽其他手段并确保你的方法是道德与合理的。沩山打破结构的行为使他成为寺院领袖，他的成功是因为发生在恰当的时机和背景下，没有丝毫武断或反叛。

困境和痛苦常常来自周遭的环境与结构。诸事不宜时，你必须随时随地另辟蹊径。传统等级结构已将重心转移到意识而不是地位上。电影《训练日》中有一句对白，描述无限自信如何让你更加运筹帷幄地挑战更复杂的游戏："这可是国际象棋，不是什么跳棋"。

应对挑战时，不墨守成规很重要。所有状况都独一无二，具体情况具体对待。没有哪一种做事方式存在严格的对或错，每一种方法都必须相对而论，在道家哲人庄子所说的"逍遥游"中突破常规。在逍遥游中，你可以来去自如地应对风云变幻。这就是为什么临济禅师把克服困难比作成为"无位真人"的过程。

因此，禅宗教义为发展管理和激励的能力提供了一些重要的经验教训：

1、如何将无用的冲突转变为多方受益的协商。冲突来自跑马圈地以及自我诱发的对抗，协商的特点是共同意愿与合作。

2、如何营造一种促进和保持创造力与自发性的氛围，同时像传统禅宗寺院体制那样提供秩序和规范。世界上最高度结构化之一的禅宗寺院体制，允许或需要标新立异、不同寻常，甚至禅宗经典大师的亵渎神明。

3、如何识别什么时候打破常规是有用或有必要的，什么时候表现独特的非常规行为或反结构。

4、如何创造恰当条件，启发信徒挑战或超越他们的师父；师父不会因为权威模范的荣誉固步自封，愿意承认徒弟超越师傅的优点。

不过，在当代专业背景下模仿中世纪禅宗大师们标新立异的无礼行为，似乎不切实际或愚蠢。专业主义不必然容纳反结构，事实上往往不允许或剥夺其资格。电影《飞车党》中，你觉得马龙·白兰度的叛逆飞车党角色如何？当他被问到在反抗什么时，白兰度反问，“不反抗，你又得到什么？”。我们要效仿这种态度吗？ 自己想想吧，试试看能走多远。也许他们会让你领导一个新部门（或新寺庙！）。另一方面，如果不努力创新，成功的把握能有多少？

第二部分

看山不是山：化冲突为机遇

一开始出来了
然后不见了
然后又……
——多诺万

第三章

不吃一堑，不长一智

升职骚乱

佛教经典教义说，人生是苦或根本烦恼，类似现代心理学或哲学上的焦虑（或Angst）。梵语Dukkha（苦难）一词的字面含义是陷入混乱或失去平衡，例如车轮脱轨抛离车辆。佛教观点并不悲观，而是反映了对人生无常的深刻理解。迟到，错过期限，被拖延所累——这些平凡经历不仅是挫折，更揭示我们日常生活背后随时可见的动荡和脆弱。

焦虑的根源是贬义上的自私自利：执着或紧紧抓住我们得不到的，推开我们不想要的。在佛教教义中，焦虑通常表现为以下两种形式之一：

“求不得”——想要的没有，或者渴望得到的人、职位、财产遥不可及。

“怨恨会”——不想要的偏来，或者面临无法逾越的难题或阻碍。

职场中，“求不得”的例子一般发生在预期的升职被拒绝或延缓时，棘手重任则是“怨恨会”的范例。第一个例子中，你觉得自己应得或一直期待盼望的东西被剥夺。第二个例子里，不好的事或重担强加给你。要么你的船没来，要么你错过了这条船。

佛教认为，不论“怨恨会”还是“求不得”，都应当抵制徒劳、无望地无尽攫取，应该认知到无论多努力都永远无法逃出阎王的手心，他是腐烂、衰败和死亡的主宰。然而，你可以修练在每个当下保持平衡专注且积极自信的禅法，藉此改变对无常的态度。了解“求不得”和“怨恨会”的症状能帮助我们将小地盘争夺战转化为建设性协商契机。走出过去接纳现实是掌握自心必不可少的第一步。

第三章不吃一堑，不长一智设想一下“求不得”的苦。假设你被优先考虑提升为一个有活力、有发展的部门的主管，一份成为未来发展垫脚石的好工作。你的主要竞争对手是一名受人尊敬的同事，在公司的等级梯队上高你一头。这看起来是双赢的局面，你拥有近期取得一系列优异成绩的记录，副总裁和她的董事会顾问也对你青睐有加。如果你的同事获得提升，你大有可能被提拔到他现在的位置上。不管是哪一种，你觉得自己一定以及肯定会往上爬。

职位面试结束，升职时机到来，没有什么能阻止火车进站，对吗？可是突然宣布升职进程延期，没人通过，一切重来。你真的会意外或震惊吗，还是一路来见惯不怪，或者根本不抱希望？在小说

《消逝的地平线》中，当主人公突然意识到自己一直在虚假的乌托邦中受蒙蔽时，幻觉便烟消云散，“触碰现实的刹那，迷梦消散，如同所有不真实的美好”。

导致宣布延期的成因肯定不是一日之寒。你没能察觉是因为关键因素还没有聚合，醒悟往往幡然而至。也许你一直通过计划、头脑风暴、关系网和调查研究进行工作，始终感到莫名不安或隐隐觉得不对劲，却没有花时间查明原因。一旦出现问题，长期忽略的疏忽、偏差和误导都暴露在光天化日下。

可是老板为什么这么做？难道她对你和你的同事失去信心，或是在尝试用不同方法评估对于你有利或不利的候选人？难道发现你的候选资格有某些出乎意料的瑕疵？你是不是被谄媚或阻挠的人误导和背叛？还是说突然空降了一个引人注目的外人？你想起雇佣定律第一条：若你是出局的人，就有在你面试前入围的人。反过来也是一样，你入选，就不可避免有看似优秀的人落选，而且据说和你一样甚至比你能干。

雇佣定律第二条，急切等待预期一定会落空，可是当你不去想可能的结果时，好消息来了（至少有时候）。在日本，这就是借助他力（以一种虔诚的方式）——认识到有时候要顺其自然。这与禅的自力互补，自力认为你（也只有你）是促成改变的力量。结合他力和自力，你会知道什么时候放手什么时候推进，不会困在陷阱中不知道自己要什么或是不接纳现实。检视所有希望与失望的可能就会对结果平常看待，如果立足长久大计，考虑未知挫折而足够灵活变通，就能避免被方方面面的意外打乱阵脚。

然而，你听到升职延期的消息，第一反应却是直接询问副总裁，要求明确调查状况。这种方式不可能获取有用信息，除非有特别理由需要告知候选人，否则主管不会回应你的直接质疑。表现出一副只关心自己升迁的样子展现不了你的专业精神，那是你值得获提升的品质或“正确价值”——专注完成工作的质量，不在意个人结果。这其中的悖论是，“越要求结果，越不可能得到。越少主张权利，机会反而越多”。

你也许还会把账算到主管头上，如果发现调查方式没有遵循公司准则或惯例，你会向总裁申诉程序不公。这也许会成功引起注意，可是你没有通过正常管道给高管任何澄清或补救的机会。你冒着表现出小气、报复、妒忌的风险，或动不动就消极抱怨，在各方面低落公司士气。和最高领导硬碰硬只会让你完蛋。

真正的问题不是违反程序，而是副总裁如何评估表现。除非有客观定量标准的牢牢支持，否则你无法通过质疑程序说明结论是如何以及为何得出的。如果你卖房子，潜在买主也许会通过寻找合约漏洞取消交易。你不可能成功告赢一个不情愿的买家并强迫他完成交易。同样，抱怨一个某天会提拔你的经理往往不明智。尽管为自己说话是个好主意，但是会危及未来的支持。

另一种选择是保持沉默静观其变。这样的风险是，没有坚定稳固的清晰目标和方向，耐心会在消极麻木中耗尽，它会维持现状并压制你的主动性。如果你袖手旁观，看起来过于世故或听天由命，没有志向没有超越，结果将适得其反。

让我们用一出“怨恨会”对比一下“求不得”。主管走进你的办公室，关上门坐下，问候你的家人，然后交给你一份新项目任务书，要求你转移工作重心，在时间紧迫资源有限的情况下不负众望。他已经决定派你去监管一个困境中的小部门。这个部门有一些高素质的员工但是缺乏领导力和方向。新任务就是在你的领导下重整这个麻烦的部门，期望你能平复不满和提高生产力。

你现在需要增加工作时间和员工精力投入，解决一系列不是你制造出来的麻烦，即便对你的评估主要还是针对岗位描述中原有的工作。要不要缓解这个部门矛盾的决定权在你，但是在吃力不讨好的过程中，你也许不得不忽略自己在意的工作和优先事项。像这样的升职，你可能早就知道会有这么一天。部门争斗显然会转向你，公司的矛头也可能会对着你。现在预感变成现实，焦虑显而易见，你在没有机会斟酌的情况下必须作出临场反应。如果你要求考虑考虑，这也会被看作是你的回应。主管走进房间的那一刻，时钟开始滴答作响，对你的考验正在进行。

你脑子里各种想法翻来覆去，主管是帮你还是害你？你希望这个任务是信心的一票，是扩大势力范围的大好机会，说不定在考验你是否准备迎接大好前程。不过你也怀疑这是不是某种惩罚或降职润滑剂。希望破灭时容易乐极生悲。一般情况下，你希望增加支持而主管却希望你用更少的资源取得成功。

当体制结构对你施加压力时，其含义清晰明了：不要辩解，不要打破计划。这会成为你保持沉默的借口，不是因为想来想去，只是觉得没人在听你说什么。在这种紧要关头，一种更深沉的痛苦盖过了日常生活的不如意。这就是“怨恨会”的苦，而且在这个升职例子中，你能够作出的回应不是消极就是积极。

一种可能是点头接受并表现从容应对以及在任何情况下都做到最好的能力：“当然，我会做，或者太好了，看看我能做什么。”但是，如果这种肯定是咄咄逼人或惊慌失措的反映，不是一种选择或决心，你表现出的合作就空洞无物。朋友曾说，他在相同情况下被问到：“你能处理吗？”，他想都不想就说“当然了！”

另一种肯定是积极快速反应，询问怎样才能既圆满完成任务又能完成其他工作。不过这似乎是抗拒工作重担的表现。如果有一丝伪善或说错一句话，都会暴露你信心不足，造成冲突或磨擦。如果你坦白说自己无法胜任，主管会更加怀疑地盯着你的日常表现。

或者你会尝试不立刻承诺，目的是在紧张过后争取全盘考虑的时间。然后你就能作出细致回应，说明你的疑问和关注，或者制定行动计划，既体现自己的利益又满足主管及其上司的要求。然而，这么一拖延，你会陷入某种无法接受却不可挽回的状况或意外。等你提出异议，主管也许会说："太迟了，之前为什么不提？"

前辈的一个朋友去面试一个他梦寐以求的初级职位。雇主对面试行程的说明似乎太随意和模糊。这位朋友试图用俏皮话调节气氛并拉回正题，"您还能再模糊点吗？"。这是对反结构的不当运用和无效使用，因为他还没有进入结构的大门。不用说，他没有得到那份工作，此路不通！

对棘手任务的两种回应各有优点，一种主张一定程度的独立自主，另一种争取考虑时间，具有灵活性。它们也各有不足，既不能改变现状也无法对抗老板。两者都暴露出抓不住机遇的无力，挑战不是阻碍或麻烦而是机遇。如果你把这项任命当成例行公事，不够重视或夸大它的难度，你会发现自己陷入没有胜算的困境中。不了解自己在这种情况下无能为力的原因，就无法通过建设性对话和协商获得威信。

仔细想想这些回应的相互作用，一种看起来快速有力，另一种稍显迟缓被动。一种情况是你大吐苦水，另一种情况是你压根就不发表意见。两种情况都有瞬间迟疑，也都缺乏弹性。在你掂量自己的态度权衡利弊的那一刻，你无法立即回应现况，这中间裂开了一条高速公路一样宽的微妙裂痕，危及影响未来的契机。

三思而后行没有坏处，你当然希望自己的意见被听取，希望拥有和同事或员工商量的时间和自由。但是如果你没有随机应变和审时度势减少拖延的本领，那么你可以和有效回应的良机说“再见”了。怎样才能不再浪费机会而是抓住当下机遇？禅的目标就是修练先发制人之道，做了再说成为第二天性。

痛定思痛

失望很容易沦落为消极。听到坏消息的第二天，你也许会在筹备会上觉得自己的意见不被听取，想法也得不到信任，于是感到恍恍惚惚。你满脑子在想，出了什么岔子？看一看四周的人，答案写在他们脸上，不是吗？

也许不是，也许这只是你龟缩在偏执外壳里的想象。如果你觉得人们只以成败论英雄，这会助长自己的焦虑，造成内心混乱和误解的恶性循环。你怎么会落得如此格格不入，脱离帮助你成就名气和认可的同事圈。

为什么手段越直接，目标就越难捉摸？保罗·西蒙的歌里写到，“你知道离目标越近，越容易跌滑”你试图了解为什么期望和现实存在这么大的差距。是你急功近利，还是妄自菲薄？你也许会在某个人或团体身上寻找问题的症结。联想到各种不利以及你的人际关系，你觉得自己遭到上级或下属的欺骗或背叛。

有像佛一样的人，帮你是因为相信你，也有因为有利可图才和你拉帮结派的人，还有自私自利处处针对你的人。看似支持你的人结果却利用你和伤害你的自尊，或是为了渔翁得利所以十分积极的主管，突然翻脸无情。有时候正是你最信任的人或表面上值得信赖的人，对你的失势难辞其咎。

然而，当你检视他们的所作所为，结果往往不言自明：他们出于好意，只是各自的安排和对时机的判断不同。批评者可能还是看不见的佛，看似冷漠不过是因为不顾个人私利，一心以德为美。

前辈有一个聪明伶俐的助手，做起事来恰到好处。可是后来，或者说他们对项目的莫名决心和承诺，消失得无影无踪，竹篮打水一场空。这次失败倒霉的是前辈，他会发现自己在困境中进退两难，既要弥补助手的付出又要掩盖他们的虎头蛇尾。

看一看你办公桌上的小盒子，从上往下能清楚看到盒顶，还有三个侧面的某一部分。转动盒子或起身走动才能看见第四个侧面，不是改变盒子就是移动你的位置。完全看不到的是不见天日的盒底，隐蔽性赋予它神秘感。当你最终掀开盒子一探究竟时，也许会讶异它的黑暗和腐坏，就像突然发觉白蚁正在吞噬你家的地基一样。心平气和地面对这个发现是消除灾难的开始。

禅宗民间故事里，被狐狸精附着身心幻化成人，即是你心存妄念的铁证。吃苦头的往往是那些容易偏离正道的人。狐狸精擅长以假乱真，尽管狐狸尾巴终究会露出来，可是受害者却一步步落入圈套，对他人的警告听而不闻，包括那些旁观者清的人发出的警告。在异曲同工的希腊悲剧中，旁观者往往不受狐狸的诡计和伪装迷惑，可是他们发出的警告却不被采信。虽说旁观者促成改变的力量远远比不上佛菩萨，但他们也是有益无害的。不过，受害者通常自以为旁观者不过是出于嫉妒，所以对周遭的幻觉和欺骗视而不见。传统故事里，鬼迷心窍的人最不愿意听劝。然而，旁观者纵览全局的透彻和洞察是灵性觉醒的重要一课。

终于到了迷途知返的时刻，当背叛太过明显无法视而不见时，残酷现实将心灵从无知与执着的囚禁中解脱。故事里的这一刻发生在狐狸尾巴从和服或僧袍底下露出来的瞬间，狐狸变回原形或妖怪的时候。清醒的那一刻受害者痛苦地发现，原来他们一直陷在惊天骗局中。

在升职延期或棘手任务的案例中，是不是有只狐狸精坏事？主管为什么改变心意？也许某个匿名同事蠢蠢欲动，然后向管理层说你的坏话。你怎么知道那个善于抓住别人弱点和缺点的同事长什么样？

然而，疑神疑鬼其实是你陷入失望、挫败和幻觉的表现。前辈的一个朋友，在被密切合作的同事伤害时伤心欲绝。他们两个人筹备一项突破性项目，她拥有专长，承担绝大部分的研究工作，而他拥有影响力，负责联络资源，尤其是向合适的主管推荐他们的文章。他们盼望已久的项目听证会来临，她等着他四点钟一结束会议就来电话告知结果。四点钟电话铃响，结果却是别人打来的，奇怪的巧合！她的同事直到五点半也没有打来电话。前辈的朋友怀疑自己的同事独吞了所有功劳。套用鲍勃·迪伦的歌词就是，“他们骗了你，还说祝你好运，当你被卡车撞，他们还骗你”。对你漠不关心的狐狸就像不问世事的隐士，但是两者有本质区别。原来，同事在给前辈的朋友打电话前，得知计划出现复杂新情况，忙着咨询相关各方。

电影《卡萨布兰卡》中，亨佛莱·鲍嘉扮演的里克意外见到曾经的爱人时（英格丽·褒曼饰）悲痛欲绝，她就是那个在巴黎抛弃他的人。山姆在钢琴上弹奏着他们最喜爱的歌曲，追忆过往的里克说：“弹吧，山姆，再弹一遍”，这是电影史上最著名的一个场景。随着故事情节展开，里克知道褒曼出于对丈夫的忠诚所以抛弃他。她的丈夫是反纳粹运动的领袖，刚刚释放出狱。然而故事最后，不论里克还是观众都没有完全明白：她是否别有用心地操纵他的情感，是否高尚？她是狐狸还是佛？

打一个简单的比喻，你伸手拿巧克力曲奇饼却无意中错拿葡萄夹心饼干。不吃就不知道真实品质，你不能通过摸和看或者甚至闻一闻说出它是什么味道。你只有咬一口才知道它好吃还是难吃，一咬下去就来不及躲开不好的味道了。就像阿甘的不朽名言："人生就像一盒巧克力，你永远不知道你会得到什么。"

禅宗故事强调狐狸与佛不可一分为二，两者往往以相同面目示人。他们出于战略考虑隐藏自己的动机并做出某种伪装。盟友或对手的真实意图潜藏在表面背后。狐狸为达到目的而假装支持者。它的野心越大就越表现得像助人为乐的佛。你被狐狸弄糊涂了，它可不希望自己的作恶多端被识破。但是旁观者清，他没什么好失去的，说不定他一直都知道真相。佛为了不偏不倚，借用狐狸的两面手法表现中立公正的姿态。佛用故事和寓言教化众生，但是我们无法保证他的教义得到恰如其分地传达或实现预期效果。

亦敌亦友的自我

一般的神鬼故事中，狐狸一露馅，僧侣或巫师就会被请来念咒或写经文。结果会在屋底找到一具狐狸尸体，或者看到一群狐狸在寺庙后面或道场另一边乱窜，这是在现实中消灭无形鬼魂的确凿证据。

狐仙传说赋予禅宗文学和禅宗仪式神话色彩。世事的无常被解释成神鬼所为：鬼魂和妖怪，幽灵和精灵，神灵和恶魔。如果表面地接受这种解释，只会方便人们寻找痛苦的外因而不是检讨自己的做为。

然而，把困难归结为外因是软弱的表现，也是进步的阻碍。面对困难、停滞和失败，关键是不要变得顽固和僵化，不迷恋不可能的事，不因为自己的过错报复他人。

人们需要技巧辨别各种可能，看见佛菩萨然后认清狐狸的真面目。另一方面，需要一种只有狐狸才有的本事来分辨狐狸，就像禅谚说的："用狐狸找狐狸"。不过，禅的目的不是让事情停留在欺骗的层面。狐狸的出现象征着人们屈从诱惑，其中原因是缺乏自制。战胜诱惑同样要靠自己重新把握自己。我们需要佛的智慧来看清狐狸的真面目，所以我们也必须："以佛会佛"。这是只有自己才能对自己做的事。

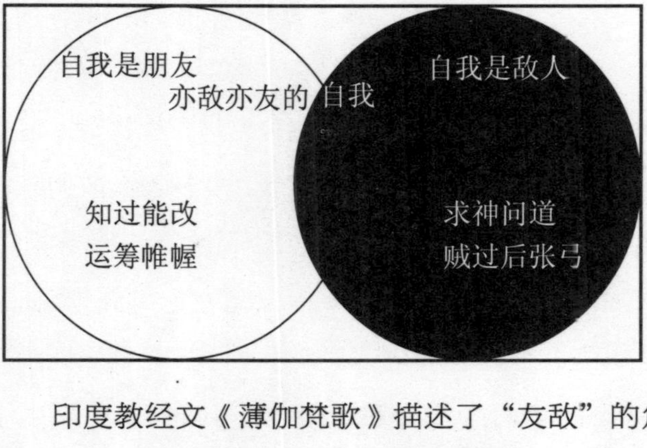

印度教经文《薄伽梵歌》描述了"友敌"的角色，"自我是我的朋友，自我是我的敌人"。你无法控制或预测他人的行动或反应，但是无论你的反应是快速果断或迟缓警觉，你都拥有掌控自己的能力。你的态度和行为不是赢得进步与喝彩的完美声誉，就是落下停滞和挫败的无能臭名。当你培养和完善自身优势不断超越预期时，你是自己最好的朋友。正如佛陀行将涅槃时对弟子的指引："做自己的明灯"。

自在的不动心是休眠的因子，需要通过你自己而不是别人的努力去激活。禅诗云"本自具足，众生是佛"。早在十九世纪，惠特曼便有意识地将亚洲神秘主义著作译成英文，他写下诗句："今天和今晚请和我在一起，你将明了所有诗歌的来源，你将占有大地和太阳的好处（另外还有千百万个太阳），你将不会再第二手、第三手接受事物，也不会借死人的眼睛观察，或从书本中的幽灵那里汲取营养，你也不会借我的眼睛观察，不会通过我而接受事物，你将听取各个方面，由你自己过滤一切。"[1]

自我在发展"过滤器"的能力时，能兼收并蓄且公平合理地迅速权衡利弊。这会使你平衡稳定地应对生活的起伏。作为过滤器的自我，用快速有效的判断或决定应对无法预测和不稳定的环境。只有你自己是那个做出选择的人：是屈从沮丧和过度依赖他人，还是发展灵活、灵敏和敏锐的自我。不要轻信任何人说的话。禅谚说："真我的觉醒是自我的觉醒，不是任何自我之外的事物引发的觉醒。"

禅宗的狐仙故事并不代表我们身处的外部世界是一个完全独立、自治的王国。相反，外部世界是内

① 惠特曼的诗歌，《我》

在精神状态的一种隐喻。从荣格到詹姆斯·乔伊斯、卡夫卡和尤金·奥尼尔，当代西方思想家和作家们认为，事物的外在表现无法脱离内心的想法和恐惧。我们将自己的精神状态投射到外部现实中。狐仙是一个非常有力的想象产物，在感受和幻想的交界产生——我们称之为阴阳魔界的地带。无论内外，我们的任务都是以洞见和真理战胜欺骗和谎言。

阿尔弗雷德·希区柯克的电影《迷魂记》讲述了盘根错节的现实世界，是一部关于欺骗和妄想的悬疑巨作。詹姆斯·斯图尔特扮演的悲剧主角斯考蒂，必须一次又一次以最痛苦的方式面对自己的恐高症。影片的高潮，他从教堂钟楼往下看，不知道自己是被两个女人中的其中一个解救还是背叛，两个拥有致命魅力的女人都是金·诺瓦克扮演。随着斯考蒂焦虑感的上升，镜头出现一个向下延伸的旋转梯。电影海报描绘出斯考蒂陷入迷宫般旋转的状态，让人想起一只眼睛的样子。眼睛象征他人评判斯考蒂精神崩溃的方式。对影迷来说，随着神秘事件和人物的展开，他们和斯考蒂一样迷惑不已，眼睛代表他或她的心灵之眼追随和围绕着主角身上发生的事。斯考蒂在楼梯间看到的旋转景象不是对外物的描述，而是他混乱的内心状态。

另一部20世纪50年代的杰出电影，日本电影《雨月物语》中，外在的驱魔仪式象征内在的自省忏悔。战争期间，谦卑的工匠源十郎，在一个美丽诱人的狐狸精买了他的陶瓷后抛弃妻子，和狐狸精在荒郊外的大宅同居。一名僧人在他进城买礼物时拦住他，僧人察觉到异样于是为他在身上画符保命。源十郎回到大宅，神符在狐狸精面前突然点燃，狐狸精老公源十郎跌跌撞撞跑到屋外，惊恐地看到自以为舒适的大宅子其实是一个被烧毁的小破屋，此时治安官也正准备以流浪罪逮捕他。他在忏悔中决定回到自己真正的家，弥补他的妻子，那个一直等他回家的人。可那只不过是另一个鬼魂罢了，妻子在中途就死了。经历双重幻灭后的源十郎最终幡然醒悟，他和妻子的亡灵对话，决心抚养他们的儿子，籍此实现内心的平和。

我尊敬的上司，我的前辈，曾管理一个重要部门，筹备一次大规模的外部审计。大多数员工因为这项工程牵涉明目繁多所以情绪不高，不过他们也知道几个星期以来积攒的巨大压力都是为了评估的那一天。前辈看到其他部门的一个领导把这当作个人晋升的大好机会。他在他们部门的筹备和计划中大领风骚，把自己看成是在和前辈争夺上司的注意力和表扬。

前辈未卜都能先知。这个竞争伙伴只关心本部门的成功，忽略团队合作以及和其他领导达成共识。相反，前辈却在构建桥梁与同盟。上司和他的助手们察觉到这名下属的任性，开始疏远他，不让他参加重要会议，而且更糟糕的是，只要他在场就不发表内部评论。因此，他没有意识到评价者在场的最关键时刻，最后一分钟的角逐至关重要。密切关注的人也许觉得哪里出了问题，却无法预料并大声警告以补救或平衡事态。

一决胜负的日子到来了。十名小组领导一字排开他们的文件，还有“第十一份文件”。上司的想法是先准备好这份特殊文件，但是要遇到某种质疑才能使用，也就是说除非上司发出信号。前辈的竞争同伴没有收到小道消息，不知道不惜任何代价都不要使用这份文件，所以他不合时宜地提前打开文件。几个月后，他大吵大闹，咒骂自己被陷害了。他怀疑其他小组领导从他的失误中捡便宜，怀疑让他出局的上司和本应该给他一些警告的下属。不过前辈觉得他应该在吉米巴菲特的歌词里寻找蛛丝马迹（改写歌词）：“有人说要怪别人，但我知道，是我自己该死的错。”

禅宗认为，当你无力解释便宜、无知、疲劳或绝望的理由时，你是自己最大的敌人。这在公案评注中叫做“贼过后张弓”，指的是一种徒劳无益和反应迟钝的状态，机会在其中丧失和浪费。不过前辈却对自己的团队说，那名同伴的工作和任何人一样有革新创意，总有一天会发光发亮。为了培养自我的信心，有必要超越个人利益，避免变得小气或睚眦必报。在禅中，让事情变得轻而易举的诀窍就是“运筹帷幄”。

对比往往是尖锐的，然而如果不这样，我们每个人都会一条道走到黑，完全错过另一条路。相反，拥有完整自我的每个人，努力在亦敌亦友的两种状况中前进和取得平衡，不赢就输。“贼”代表我们的诸多缺点，它们会一直逃跑，但我们身上同样拥有象征无限可能的稀世珍宝有待发掘，解铃还需系铃人。

黑夜过后是黎明

前辈不知怎么的，错过了在影院看《泰坦尼克号》的机会。这部片子在电视上播放时，他每次打开总是看到同一个场景，莱昂纳多·迪卡普里奥伸手拽住已掉到船头的凯特·温斯莱特。前辈有一天晚上工作到很晚，准备发一封他知道自己事后会后悔的邮件。当他打开电视，恰好又见到那个场景，他意识到这是在伤害自己的边缘或贼过后才张弓时自救的最好体现。

在神话世界里，需要降伏妖魔，揭穿狐狸的面具，但是从隐喻的角度来说，这也代表实现新层次自我觉醒的过程。无需其他媒介担当除妖的角色，因为自己担负着反省和悔改的全部责任。与其觉得两眼一抹黑或只盯着别人的错，不如检讨自己看不到自己的那一面。苏格兰诗人罗伯特·伯恩斯说，我们需要像别人那样看清自己，“啊，但愿上天给我们一种本领，能像别人那样把自己看清！那就会免去许多蠢事情，也不会胡思乱猜…”客观看待自己就能深刻地自我批评，让你不再一次又一次犯同样错误。

禅告诉我们抽高看问题的深层原因，生出忏悔并不断深入，借此改变不良习惯或错误的行为模式。在忏悔中，个人动机变得单纯，人际关系也不再因为自我中心导致误解。据说很多九死一生的人经历过一个关键的转折点：他们一生的画面在眼前闪现。在忏悔的那一刻，他们回想起曾一度遗忘的片段或对话。这有点像清理旧车准备换一辆新车。你会发现各种各样躺在角落里被遗忘的硬币、纸片或其他奇奇怪怪的东西。

《西藏度亡经》（也叫《中阴闻教得度》）用极其形象和可怕的景象描绘在炼狱中忏悔的过程：“当此之时，你会感到极度的惊惶、畏惧和恐怖，以及颤抖战栗；而你亦将试图说谎：‘我从来没有做过任何坏事。’那时，阎罗法王将说：‘我来用业镜查看！’如此说了，你就瞧向镜中，而每一个善行和恶行，都清清楚楚地映现其中，丝毫不差。因此，说谎是没有用的。如此，阎罗法王（命凶狠的狱卒）用绳子套住你的脖子，将你拖开，砍下你的脑袋，掏出你的心脏，拉出你的胃肠，舐你的脑髓，饮你的血液，吃你的肌肉，啃你的骨头。”

同样的，在狄更斯的《圣诞颂歌》中，守财奴斯克鲁奇不得不在瞬间闪过的画面中面对他过去、现在和未来的一生，然后他懂得了怎样避免和改正一路犯下的错。

你能分辨佛和狐狸吗？禅宗认为依靠自省的力量，当然可以！抓住机会反观自身，看清各种缺点或弱点的不同表现和影响，“不唤醒众生的自我觉醒是自私的，不觉醒自我而唤醒他人是无力的。”禅语说，“杀人刀，活人剑”， 反之亦然。于是乎，民间故事里的佛为了教化众生装作狐狸。比如说，化成狐狸的佛救了一个落难的王子，然后王子会想：“如果连狐狸都这样慈悲，我也得这样对自己。”

传说释迦牟尼佛在菩提树下，在深入的禅定中证道。他保持禅定状态，数星期不动。那迦（拥有狐狸般神奇变化能力的蛇或龙一样的东西）像雨伞一样用头罩住佛陀，为他遮挡雨水。各种各样的生物帮助佛陀获得滋养，使他能够抵御魔罗（魔王）的嘲笑。佛受到很多诱惑却不为所动。那迦的行为说明，混沌能量和劣质因子可以被提炼净化并进一步激发成为保护势力。

禅宗文学用“野狐精”批评表面追求无我，实际上却流露傲慢与自负的虚伪和尚。与此同时，禅院中常常出现狐狸图案，象征佛法无边。许多狐狸传说中，僧人把狐狸度化为盟友或佛陀精神的守护者，狐狸不再是狐狸，是佛的另一种表现形式。狐狸出现在寺庙就表示它已经弃恶从善。所以说，把和尚叫做“野狐精”就是用一种狡猾的、言不由衷的方式称呼他为“佛”。

现在，回去工作吧！你这只野狐狸！

第四章

大疑大悟

在那里跌倒，在那里爬起来

前辈曾说过一个他自己的领悟。青年学者的他被视为本领域中最优秀的人才之一，也是某个年度奖的首要候选人，他的竞争对手只有一个，或者说他认为是这样。别人认为他获得了评审的内定支持，他也相信自己是大热门，结果一败涂地。前辈甚至没有进入决赛，奖项被另一个他认为是黑马的候选人获得。

他在失败中只剩下怀疑、猜测和挥之不去的自我怀疑。前辈永远不知道幕后发生了什么事。他试图在头脑中清醒地分辨什么是他确定的，什么是他不确定的，他知道过不了多久就会在其他竞争中遇到同样对手。

幸运的是，前辈被叫去当获奖者指导项目的外部评审。他细致客观地进行检查，经过广泛讨论后递交了一份即有肯定又有建设性批评的分析报告。看评估报告的人知道他们的竞争关系，对前辈的做事过程印象深刻，他专注在项目的优点上且毫无恶意。就算是曾经的对手也承认欠前辈一个推荐的人情。

前辈后来才认识那个获奖的人。回过头去看的时候，他意识到那次评估是他职业生涯道路上一个决定性时刻。那是一个让他证明自身价值的挑战。一想到正面行为的长远好处将充分弥补他曾遭受的失败，他就已经爬出沮丧的山谷，呼吸着清新的高山空气，重获专业尊严。

前辈的心路历程充分体现提升、净化和激活（EPA）的三个阶段：

A 提升情感——经历巨大的怀疑后超越冲突与对抗

B 净化动机——用隐士的超越让自己清醒、客观和中立，从个人问题中解脱

C 激活心灵——走出寂静孤独的沉思，迈向武士的敏锐行动

前辈发现怀疑会变成质疑，把你从假想和期待的压制中解放出來。然而有一种怀疑会滋生绝望，加剧或变成更严重的怀疑。关键是区别两者，激发第一种的同时消除另一种的不良影响。

第四章大疑大悟前辈承认，奖项公布时他觉得肠子一阵绞痛，对自己的能力和同事关系失去信心。他回想起还是小男孩时，哥哥和朋友们去看一部叫做《他们》的恐怖片，演的是核辐射制造的巨大蚂蚁在吞噬人类，孩子们回家后又害怕又兴奋。

妈妈觉得他太小不能看恐怖电影，所以他呆在家里看电视，一个去远方探险的冒险家被流沙吞噬的节目，这让他做了好几个星期的恶梦。20世纪50年代营造怪物或奇观异景的黑白特效很原始，可是没有什么比被流沙一点一点吞没更可怕的了，还有就是眼看大难临头却无能为力的最后挣扎。

禅宗认为，普通的怀疑就是心一直往下沉，在厌恶自己和怀恨他人间摇摆。禅宗公案评注说："是全然放下，还是执着其中，过犹不及。知错就改，几人能够？"普通怀疑让人感到绝望，在厌恶和蔑视中两手一甩，不做任何调查问题来源或大小的努力。没有调查，就没有补救。

如果前进的步伐受阻，普通的怀疑让你不确定是否还能往前，甚至不确定自己的资质。你很可能会天翻地覆，要么因为消极拒绝而忍气吞声，要么有其他极端情绪，也许怒发冲冠造成更大混乱。卑躬屈膝没有用，因为吱吱作响的轮子才有油喝，公开抱怨或大发脾气有时候会短期见效。人往往必须自己为自己说话，但如果你发声是为了私利而不是为了提升他人的价值和利益，很容易被认为是一种自我膨胀。人们也许不再配合你的愿望，以便事情在某种程度上可控。在打破等级制度的不成文规矩时，缺乏耐心和风度的表现是对反结构的滥用，暴露内部冲突并引发对抗。即便情有可原，你也疏远了原本会支持你的同事，因此浪费成功的机会。与其这样，不如做到既能引起他人注意，又不会显得有戒心或敌意。

没有实现目标或结果不如人意让人产生不稳定和不满足的感觉。你怀疑是狐狸让你的希望落空，不管那只狐狸是主管还是对手，猜疑令你犹犹豫豫，失去一次又一次机会。一开始，你给怀疑你的人吃苦头，然后一转身，你因为不相信别人而陷入麻烦。你甚至觉得曾提醒你当心的旁观者，也不一定清白或中立，所以你同样怀疑他的观点。别人诋毁你有什么好处？他们脱得了干系吗？

希望一旦破灭，你就成了怀疑的猎物，既不确定能否真正处理升职难题，却又对原有职位感到憋屈。你仍然兢兢业业，不过主要是希望爬到另一个位置上，哪怕平行调动也好，至少满足一下升职的幻觉。如果你是销售，你不想和客户讨价还价而是转行做管理。当老师的希望逃离课堂专心做研究或行政，做经理的想从决策者变成咨询者。

如果你最终获得新职位，却又担心自己会成为“彼得原理”的牺牲品。（该原理认为，在原有职位表现良好的员工将被晋升到他不能胜任的职位上）

前辈在撰写竞争对手的评估报告时，他知道在他审核别人资质的同时，对手及其拥护者也在盯着他看。同时还有第三方观察者在打量他的做事方式。在这个过程中，流露强烈个人情绪或过于抽象和理论只会暴露评估的缺陷。认知到自己处在考验中，不应该引发无力或恐慌，而是提供动力做出清晰无误的分析。

有一首老民谣让人想到，没完没了的外部考验也可以说是你内心状态的写照："我想知道盯着我的那个谁？我想知道盯着我的那个谁谁，盯着我的那个谁谁谁谁谁？"

因怀疑懊恼不已，没凭没据地怀疑自己，这就好像老杰克·梅森一样滑稽。他常常紧张过度，以至于坐在足球比赛看台上见到球员们窃窃私语，他都以为在谈论他，然后还安慰自己这是件好事。

感到沮丧透顶时，前辈发觉自己像一个不可一世的独行侠，确信总有一天人们会承认他的价值。他的问题一部分是因为自满，这是不愿彻底改变自己的根深蒂固的表现。自负其实是自我怀疑的一种，态度傲慢其实是内在焦虑的一种症状。赫拉克利特说，"消除傲慢比扑灭大火更迫切。"

安于现状或不求进取，自满就会滋生，因为这样没有烦恼。早期现代医学与科学实验的领袖威廉·奥斯勒曾说过："人们千方百计证明自己是对的，却不会花同样心思承认错误"，这就是典型的人性，连狐狸和佛都难免沾染。禅宗公案嘲笑那种被自负冲昏头的和尚"自己拉屎不知臭"。

当主管不重视你一直辛勤耕耘的重要工作时，与其指责他人不如自我批评找出挫败原因。前辈没有否认既成事实或不接受于事无补的现况，而是体会到一种钻进死胡同的感觉。他悲痛失望地感到自己陷在困境中，既没有出口也不能让世界停止运转。就像着火了，警报铃响，可门窗被关死，楼梯被锁住，电梯不能用……

这就是大疑大悟，不问为什么身处困境而只是接受这种感觉，这样就能摆脱纠缠安心自在。夏目漱石在小说《草枕》里写到“人世难居”，就像让保罗·萨特的戏剧，人生“没有出口”。没有什么能缓解负面情绪的直接冲击。禅语“进不得，退不能，守不住，何去何从”是直面残酷现实的写照。极端的痛苦和绝望让你吃一堑长一智，这就是“头悬梁，锥刺骨”。

接纳现实，毫不掩饰和保留地接受好坏，自己为自己负责。斯摩基熊的防火广告说，“只有你能预防森林大火”。以前的一个剃须水广告，一个胡子八茬的男人被人甩了一脸剃须水，他还说“谢谢，我正好需要！”。我们必须包容和接纳挫折的现状，目的是为了走出痛苦，从中发现真理。

我们习惯用外部标准和流程，规则和规范，惯例和表象来衡量进步与落后，而不是自我的成长。没有了这些或达不到预期时，比起相互指责或依赖他人，最好的选择是改变自己。这会产生做事的动力，例如新的资金来源，第三方合作，购买或分配的多种选择。

面对让人大吃一惊的升职公告，普通怀疑令你头晕目眩。你发现自己淹没在谣言、主观印象、猜测、传闻、愿望清单和白日梦的大海里，时不时飘来一些风言风语。后悔当初或指桑骂槐不会有任何结果。直接问老板也没有用，例如看似挑衅、威胁或恐吓地质问他，什么时候或为什么延后升职，什么时候作出交接任务的决定。懊恼过去并不能揭开真相，也不会得到有用信息。当你尝试用逻辑思维探究失望的原因，很快就会钻进死胡同。相反，现在我们能做的是从直觉角度思考问题。

日语Shikata ga nai的字面意思是“没办法”。约翰·赫西在《广岛》一书中说，这个词语是检验许多核爆炸幸存者能否面对放射性疾病创伤的试金石。“没办法”也许暗示在可恶的失败中两手一摊，就像“老百姓斗不过官老爷”，但它也可以是一种“尽人事，听天命”的表达，禅谚说，冬去春来，雪过花开。

迷失在“可能、也许、应该”综合症中的后果是忽略或否认现实。史努比连环画描绘了一幅人们沉浸在错误抗议中徒劳无用的幽默插图，查理·布朗说，“与其诅咒黑暗不如点亮蜡烛”，可最后一个画面里，露西半夜站在门外尖叫：“你这愚蠢的黑暗！”当你进不能、退不得、守不住，不断承受变革的压力时，大疑才能大悟！

天堂在眼前

禅宗的“顿悟”并不是指某个时钟嘀嗒的瞬间。它不是某个时间点，而是经过长期发展后的“突变”。匿名作者撰写的中世纪基督教神秘主义著作《未知之云》写道：“毫厘间，得失天堂。”有时候你认为势在必得的事情却不遂人愿，迫使你改变想法。有时候，惊喜或危险却不知从哪里冒出來，真真切切毫不含糊。困境随时都能变成制胜的契机，错过大好机会也只是一眨眼间，或者你自认为的胜利不过又是痴人说梦或壮志未酬。在冰冷的客观现实面前，也许什么都无所谓。

分清胜负是一种挑战，因为在取舍、妥协和偏见中难分彼此。不管我们是停下来想一想该怎么办，在犹犹豫豫的忧伤中痛苦，还是像傻子一样冲动或不假思索地行动，胜负都是一转眼。这不只是现代工业社会步履匆匆那么简单。

我们通常认为时间是自然的力量，像洪水一样无情地冲走我们，圣·奥古斯丁说“光阴不眠不休”。但是在《爱丽丝梦游仙境》中，时间在鞋匠统治的王国里似乎是静止的，鞋匠说大多数人的问题是他们认为时间不是个人的事，他还自相矛盾地说“不应该说浪费时间，应该说浪费他的时间”。

精工手表有句广告语，“创时唯人，Seiko精工”。奥古斯丁曾说，时间是不问就清楚，一问就糊涂，也就是计算时间比解释时间是什么容易多了，这说明广告语是错的。人类发明计时的方法，精工手表完善计时的工具，不是时间本身。时间不由人创造，太阳、月亮、季节周期不以人的意志为转移。所以，精工的广告语可以改成："创时唯神，精工在人。"

禅宗认为，灵光一闪即入天堂，这就是开悟（日文satori)。受到不经意话语或观察的启发，瞬间强烈的灵感倾囊而出。当无知的阴霾散去，阳光照耀下的山峰清晰可见时，你便抖落了一身的执着和烦恼。禅宗大师顿悟成佛的事迹讲述了各种各样看似平常的经历：听竹子敲打的声音，看花开花落，听鸟儿歌唱，听瀑布流水。观察大师们高深莫测的动作也能开悟，比如拈花一笑，夜半掌灯或晴天点火。

与其悔恨过去担心未来，让时间变成暴君，不如通过调整对时间的感知找到掌控方法。对时间的感受应当建立在体验当下每一刻的基础上。有句禅语常常被人提到，修行不过就是"饿来吃饭，困来即眠"。禅宗大师们认为，不烦恼意味着你必须专注眼前的事，不论是什么，所以如果睡不着就不能不睡觉去吃东西。吃饭时就该吃饭（不要胡思乱想或担忧害怕），睡觉时就该睡觉（不要一直焦虑不安）。

一个有名的公案讲述了反面的案例，可以把这个故事叫做"心急的和尚"。一个急于求道的年轻僧人到寺庙拜师，寺院守卫却不让他进去。他站在雨里，坐下打禅，直到守卫同意放行。他当上寺庙和尚后，因为遵守寺院制度寸步难行。但是这只会让他更急切更坚定地想尽快达成心愿。他觉得只要能见到寺院的主持赵州禅师，问题就会得到解决。

一天早上，年轻的和尚终于获准去见师父，这在等级森严的寺院中是特例。赵州禅师察觉到他举手投足间的急切。他问年轻和尚吃过早饭了吗（寺院的早饭是粥）？和尚说吃过了，赵州禅师于是说："洗碗去。"年轻和尚退下，会谈就此结束。赵州禅师是在告诉这个心急的和尚要更谦虚和耐心，修行必须循序渐进，不能没有准备好就往前跳，绕过必不可少的下一步。

有时候，天堂的得失似乎同时发生。有利和不利的因素如此交错难解难分，因为不是此消就是彼长。老版《超人》电视连续剧中有一集，吉米·奥尔森和路易斯·兰恩无意中发现一堆别人偷来的钱。可是他们拿着这一箱子全是百元美钞的钱被困在阁楼里出不去，除非在壁炉里烧钱给超人送烟雾信号。

在路易斯的催促下，吉米不情愿地把钞票一张一张烧掉以确保信号足够强。美梦要成真时，情势急转直下，问题一下子从"怎么享受这笔钱"变成"怎么保住这条命"。进了逃生和安全的天堂，进不了名誉和财富的天堂。

当我还是个孩子时就很喜欢爸爸和其他家人大学母校的橄榄球队，我们几乎每个周末都玩橄榄球。然而，我喜欢的那支球队情况不妙。他们很快就能成为真正的强队，可是学校参与实施了一项削弱体育发展的政策。没有暑期训练和高水平集训，他们无法招架全国比赛时的对手，连着三个赛季输掉了每一场比赛。接下来的第二年，教练一雪前耻，球队终于和其他对手势均力敌，而且有希望赢得联赛冠军。

那年某个阳光灿烂的周六下午我去看决赛。直到现在我还记得那个明星得分手是怎么投出四个“达阵传球”，防守队员又是怎样封杀对手的，最后比分是28比0，我们是冠军！在马德维里的那一天，欢快无比，兴奋极了！第二天早上我打开周日报的体育版，想看看所有和比赛相关的报道。然而，头条新闻却是教练被炒。事实上，他在比赛前就接到了辞退通知，说不定得分球员在比赛中也知道了这件事。

当我问爸爸怎么会这样时，他说一个机构里的右手往往不知道左手在做什么。我细细品味这句话，心想也许恰恰是两只手都知道彼此要做什么才会发生这种讽刺的事。究竟是哪种原因？我为了这个难题数夜伤神，这是我自己的谜题，我的公案。

关键时刻，胜利或失败，天堂或地狱，从来都不是截然不同、各自独立、非此即彼，往往是不同层次心理状态交织在一起的表现。一个和尚被对手打败后开悟，禅语说“置之死地而后生”。每时每刻都有可能在谎言中发现真理。歪打也许正着，煮熟的鸭子也会飞。

日本诗歌吟咏飘零的樱花，因为它让人们感到一种稍纵即逝的不确定。莎士比亚说，“离别是如此甜蜜的哀愁”，就像他说的那样，欢乐蕴含痛彻的悲伤，哀愁却自有其甜蜜。哪怕悲剧也包含着希望破土而出的一线曙光，在悲喜交加的瞬间窥见人生的不易。

刹那顿悟

前辈曾一度身临莎士比亚之境，当困境让他体会到不动心的强大作用时。他以前经常带培训班，指导学生或实习生创造性地申请经费，包括从政府部门或基金会获得资金支持。

前辈通常以他的回顾作开头，多年前还是新人的他在经济大萧条时期参与了同样的活动。苦日子意味着参加培训的人很多且各式各样。一些人因为减产和改制半路没了工作，于是现在努力强化技能。其他人很多都在权衡各种选择，计划其他的可能或退路，日子好过的时候他们绝不会想这些。

参加培训的每个人考虑到最坏的情况，就是可能需要放弃多年来的准备、计划和梦想。在残酷的现实下，你不得不考虑做出彻底和巨大的改变，考虑各种现实可能而不是你的期望，准确分析你现有和将来的技能而不是你过往的资历和兴趣。不论背景或内容如何，你培养的哪些能力有可能重新用在全新事业上？写作和文字处理能力也许会变成编辑或新闻技能，历史或世界文化知识可能对博物馆、旅行社的工作有帮助，或者为跨国经营或管理公司提供咨询。

面对寻求各种办法提升或改造现有技能的期望，参与者们看上去焦虑不安。在团队领导四处作自我介绍时，前辈觉得自己仿佛置身集体疗法的研讨会。有些人渴望倾诉自己的悲惨故事，向所有人吐露心声。在大家等待最后的主讲人时，气氛变得紧张而又期待，他是一个著名顾问，出了名的政府部门基金路路通。

前辈突然觉得一屋子的浪人或群龙无首的武士，在四处寻找结构、框架或支柱的依靠。当时前辈的申请被拒，主要的基金款项目标三个礼拜前刚落空。回想过往让他成为有力竞争的所有谈判和交涉，他试图用禅心在失望中找到平衡。

主讲人终于来了，坐在屋子里的前辈觉得时间开始变短，所有人鸦雀无声。大致上，主讲者的知识非常渊博，提供了各种各样有价值的建议和有用提示。不过，他一副满不在乎的态度似乎对大多数人来说很过分。听众越是有情绪，他越是表现得不受影响，然后这又加剧了他们的焦躁。

这个顾问的事不关己，显然让其中一名小组骨干感到特别挫败。她觉得自己对讨论内容已经很熟悉，于是开始耸肩膀，流露出一种“你还有什么其他花样”的不屑。她的质疑态度给其他人打了一针强心剂，不过他们也开始变得不安，因为从培训班受益的热切期望在迅速降温。

然后质疑者站起来说，她被顾问推荐的一些所谓有希望的机构拒绝过好几回了，她想知道他的推荐这次能不能对她有利。她终于脱口而出：“我为什么要浪费时间听你的建议？难道我被拒绝得还不够吗？”

主讲人往椅背上一靠，面不改色，不慌不忙。身经百战的他淡定地说：“不止是你，所有人都被拒绝过，我的拒绝通知单都可以拿来糊墙了。”他苦笑了一下，拿出也许是糊墙拒绝单的其中一张，象征性地揉了揉，然后往前辈所在的方向扔过去。对前辈来说，主讲者的言行，还有他看向前辈那意味深长的一眼，真正是灵光闪现。前辈不记得那天还听了些什么，其他的似乎无关紧要，就像评估表上“主讲人是否能满足参与者期望”的问题那样。

主讲者的力量所在正是如如不动的不动心，不仅仅停留在怀疑的层面，或者也许是一种超然的慈悲。当代日本禅宗极其重要的人物，三岛由纪夫，在他的小说《金阁寺》中记叙了一位真正的禅宗大师，“雷鸣般的声音里有一种温柔与我心相应。不似一般寻常温柔，而是如同坚韧的树根，那种生长在村子外庇护路人的大树的树根”。

主讲人用行动演示反结构，他对质疑者的回答不按牌理出牌，虽然听起来不舒服，但肯定不是对提问者或其他人的不管不顾。相反，他的回应是典型禅宗悖论的体现：越是关心越要表现得不在意。这恰恰是我们在找工作或找资金时要学习的地方——向未来雇主或主管展现你的自信和勇气：你不会绝望，事实上还可以全身而退。这种不在乎不是顽固或特立独行，而是某种程度上不受日常结构束缚的决心。

对前辈来说，职业选择受限的压力消除了，他又能挺直肩膀，甩掉耗人的焦虑。前辈在离开培训班时，下定决心追求自己的目标，竭尽所能取得成功。浪人式的格格不入最终变成前辈的一次成长体验，因为它提供了一次置身所有体制之外的机会，目的是为了在回归体制时更卓有成效。

几个月后，前辈经过反复查询后接到通知，一直没有结果的奖学金申请通过了，另一个作为备选的申请前景光明。这份奖学金将资助前辈几年内的专业研究，这无疑是他职业道路上最大的转折，备选方案最后也顺利通过。获得奖学金是自我积极主动的结果，备选方案是对怀疑的善加运用。当意识到机遇与挑战并存时，前辈在艰苦时期也能保持前进的动力。

在西方宗教中，顿悟是一种自发自觉的突破，看起来很小的事情引发深层的体悟。在你苦苦挣扎无法解决最初的难题时，往往会开悟或顿悟。在你正要放弃希望的时候，答案突然显现。这可不是灵机一动或仅仅是个惊喜，它是一个不断发展和累积洞察力的过程。

闪现的灵光难免让人感到突然或意外，禅谚说，踏破铁鞋无觅处，蓦然回首时，那人却在灯火阑珊处。开悟虽然一刹那，却是长时间结出的果实。你就像一杯快要盛满的水，怎样才会溢出来？不过就是再加一滴水。

当你清楚明白一直苦苦挣扎的问题所在，便会如释重负。当你不再感到迷茫或困顿，而是果断抓住唾手可得的机遇时，挫败和无力就会像晨露一样消散。一句偶然或无心的话激发的瞬间灵感，却能改变生命，让你焕然一新，就像鲍勃·迪伦的歌词："脱掉一层一层皮，站在迫害者的前面。"

20世纪50年代的钢琴家比尔·艾文斯，把即兴爵士比作禅。在迈尔斯·戴维斯六重奏乐队（包括艾文斯和萨克斯手约翰·科特恩）的《泛蓝调调》唱片内页，艾文斯讲述了即兴演奏（或反结构）和延续瞬间感觉所需的连续形式（或结构）之间的关系："日本有一种视觉艺术，艺术家在其中被迫自发自觉。他必须用特殊的刷子和墨水在一张摊得薄薄的羊皮纸上作画，不自然或中断的一笔会破坏线条或划破羊皮纸，涂改是不可能的。这些艺术家们必须在一种特殊训练中操练，让思想在和双手的交流中表达自身，如此直接而不受干扰地表达。”这样的训练以及对乐曲形式特性的理解，使得爵士乐手能自发有效地即兴演奏。同样，不动心能让这颗心的主人恰如其分地应对进退。爵士乐就像禅，没有再三考虑或剪辑的余地，可以说，它体现了艾文斯所说的“行动是最直接的反思”。

禅教导我们不离当下，就像古犹太哲学家赫尔斯提出的同样问题：“若非现在，更待何时？”回顾过去展望未来的当下，焦虑得到平复。立足“现在”意外着开放心态，为“下一刻”做准备，估量自己的优点和缺点，成长的潜力和限制，然后判断如何适当平衡。你也许会试着快刀斩乱麻以减少损失，又或者在艰难困苦中保持耐心。

假设今天出现资金、人力或设备方面的资源紧张——预算被削减、同事另谋高就、电脑出故障，而且你预计问题还会更糟糕，不管是两个月内还是两年内。一方面，你不想超负荷，不想分散眼前的注意力在这个意外上。但是你也意识到必须有所行动，在防患未然的同时未雨绸缪。

你需要将目光放长远，展望未来的几天、几个星期或几年，但是不以牺牲眼前的专注为代价。梅尔·布鲁斯克在电影《十二把椅子》中说：“抱最好的期望，作最坏的打算，人生没有彩排。”

第五章

见森林，更见树木

意识的四个层次

在评估竞争对手的项目时，前辈发现品格的重建不仅是思维的产物，更需要恰当的话语加以表达。你的表达方式决定了你如何在得失天堂的微妙瞬间保持平衡。

就像夏目漱石小说《草枕》的开头："依理而行，则棱角突兀；任情而动，则放浪不羁；意气从事，则到处碰壁。总之，人的世界是难处的。"人们常常发现彼此是草枕上的一个个结，难以说清自己的态度和目的，因为无法调和自己与说服他人。当日常情感或思维被猜测和臆想的杂草死死绊住，人们便不知所云。

对夏目漱石来说，情感和欲望只会带来自由的幻觉，但理智也不必然就是答案。它不过是另一种让你僵硬死板的束缚，你同样还是言不由衷。他在后面的段落中写道："如此进入清净之地，涤荡私利私欲的羁绊，并得以建立这独一无二的乾坤。"这就是沟通僵局的解决之道。

从自私自利到克己慎行的转化有赖于EPA过程中培养的四个基本意识层次。第一个层次是情感或情绪，包括你对人对事的第一反应。你就是在这里吃苦头，感到失望和沮丧的。这是外界刺激最先影响你的地方，不论是好是坏。但是你可以用客观视角提升和转变情绪。

第五章见森林，更见树木第二个层次是言说，它可以在更深层意识的指引下变得冷静而富有建设性，也可以在情绪的驱使下加剧冲突。说话不仅仅是吐字，更是一种在发声或表达情感和思想时的心理状态。你的沟通方式是你最终能否成功的关键因素。

第三个层次是思考，或者说理智和逻辑。理智提供谨慎的整体分析，通过制约和平衡防止情感失控或反应过激。除非消除情感上的偏见，否则思维将得出扭曲的分析，接着就是有瑕疵的话语，暴露的是结论不确定或不稳定的焦虑。不过，逻辑的力量使得谨慎、客观的检查成为可能，思维让情感不至于失控，使你口才出众和有说服力。然而，仅凭理智的话语看上去似乎刻板而不那么强有力。如果你困在非此即彼、非黑即白的概念模式中，无法发挥全面选择的优势，那么作为第三层意识的思维就是单向的。

所以在禅中，逻辑不是最高的层次。面对涉及人际关系或复杂协商的危机或冲突时，思维分析模式也许不适合。这时不仅需要理智地检讨外在，更需要主观内在的深层了悟，以便采取果断行动。

例如当奖金、加薪或升职的要求被拒绝时，你的第一反应是质疑。如果你刻意表达自己的失落，主管只会对你敷衍了事。稍微平缓客观的语气则表明你已经在深思熟虑后准备接受现实。然而仅凭逻辑，你也许能理解现况却没有力量改变。这时候，前三个意识层次无能为力，你会发现更意外或更可怕的烦恼防不胜防。禅宗公案说："思量不思量，既然是不思量，又如何思量呢？"

你缺少的是一种调和情感与理智从而随机应变的大智慧或平衡感。希腊语"logos"是现代英语"logic"的字根。在古希腊语中，logos更多指的是语言背后的思想而不是会话本身，暗含灵感源头之光的意义。

第四个意识层次，了解或直觉认识，对其他意识状态的整合必不可少。它是整个沟通过程得以顺利进行的凝聚或粘合因素。直觉强化了逻辑规则却不受其束缚，因此基督教神秘主义称之为"未知之物"，就像禅宗大师往往以无心唤心。许多神秘主义传统都意识到开启直觉的重要性，而禅宗专门提炼这方面的能力，同时降低其风险。直觉使你自动自发地应对进退，对结构到反结构的转化至关重要，能够将矛盾冲突转变为正向机缘。

第四个层次是一种存在状态或行为方式。思维被用来分析事情的前因后果，而了解就是在随之而来的盘根错节中窥见现实。这种洞察力使你凝聚品格的力量，别有新意地有力地证明你值得拥有自己的梦想。设想你处在十字路口，不论是真的路口还是一种比喻，好比说职业选择。“道”的字面意思是道路，其本义是启程或开路。当人工开凿的大道少之又少时，你不得不在踪迹所至的荒野中找寻自己的路。最终你会发现自己或他人留下的足迹和标识，从而开创一条全新的、更长久的道路。

十字路口的选择从来就不是停或走、快或慢、左或右那么简单的二元选项。一则，你也许会同时做出好几个彼此互补或对立的选择。新问题的出现或他人的回应，影响你的观念或使你产生新想法。许许多多的机遇和阻碍如此起伏不定，以至于你在逻辑和直觉之间来回摇摆。每一次做决定，逻辑分析就把选择一分为二，而不断涌现的直觉却试图本能地朝向最主要的目标或行动对象。

当你遭遇危险或走在钢索上，需要超越原有信念时，思考往往会转向直觉。这是我在第一次日本旅行中学到的，那时我要去偏僻的东京远郊参加一个会议。东京是一个非常容易迷路的地方，不止是大都市的广阔和复杂，还因为它的街道地址系统根源于中世纪的御敌之术。本地和外地游客都要向警察问路，而警察很可能会给你画一张地图。

我下地铁时发现快要迟到了，然后在人群中看见一个高个子的西方人。我知道这个会议将邀请日本国内外的学者，主讲人是一名杰出的美国教授。我从没见过那个教授，但是内在的某种声音说，跟着这位先生就能顺利到达。我不得不在一秒钟内决定，到底是快速跟上这个即将随着升上地面的电梯消失在人海中的高大身影，还是找一个警察局，然后用日语问路。第二个选择有些保守和费时，但是更有可能获得确切的结果。当然，我本能地跟在了那个外国人后面，他确实就是主讲人。

“感情用事”会让人不安，可是我没有时间坐下来理智地全面考虑。相反，我依靠直觉，它是一种自我调节机制，在综合其他意识层次的同时保持对终极目标的关注。第四个意识层次不会让情感变得粗暴或冷漠，避免会话显露敌意或落入闲扯，让思考不再围着专断的理智规则团团转，就好像它们是规则本身。

意识的四个层次包含三方面主要内容。首先，这些人类行为的意识是先天功能上的结合，如下图所示：

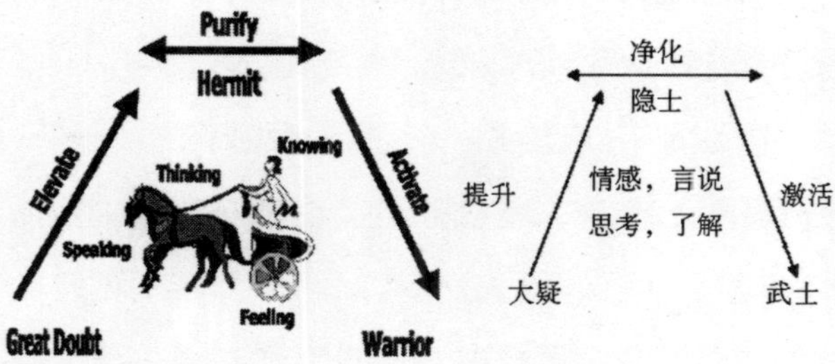

情感像战车的车轮，在和外界的接触中滚滚前行。言说是驱动我们前进的战马，而思考就是牵引战马的缰绳。不过，决定速度和方向的一直都是控制所有因素的车夫，他始终不忘到达终点的目标。

其次，每一个意识层次都是一把双刃剑。在大疑大悟的沉思和专注中，当意识层次有序或均衡时就会相互促进。然而，当它不受控制或四分五裂时就会透过操控外部环境成为破坏力量。

佛教认为，当情感对外界刺激条件做出反射，立即导致陷入自利私欲的纠缠中，前三个意识层次就会失衡，而困在“求不得”或“怨恨会”之中，很容易诱发不是你死就是我亡的心理。情绪被两极分化为喜欢和不喜欢，或者越来越贪求喜爱的，越来越排斥讨厌的。这些无意识的冲动会被封闭起来，变成固定行为模式，它们变得如此根深蒂固以至于没有挣脱的可能。

不少社会心理学论述都印证了佛教的观点，它们认为雇主几乎第一眼就决定了雇佣谁。第一印象一旦形成，几乎不可逆转。例如在棘手任务的案例中，主管进门的那一刻就在评判你了。你瞬间的迟疑会造成对你不利的印象。

重建最初的感知——那个微妙的瞬间——就是在培养不动心，所以你不会在第一印象中本能地作出判断，导致两极分化，而是保持客观和开放的心态。你不会对自己说，“我喜欢这个，要”或者

“我不喜欢这个，不要”，你会保持沉着冷静。

言说是情感和思考的中间地带。在极端情绪或内在混乱的驱使下，语言具有攻击性并造成不和。因无力感而说出过于情绪的话语，会落下喜怒无常和反复易变的臭名，这是一个很难被撕掉的标签。如果与其他意识层次和谐共处，言说就是建设性的说服手段，能够有效运用语调、措辞等多种因素影响沟通效果。另一方面，即使言说处于均衡状态也会产生对话语的过度依赖，损害后面的意识层次。毕竟，行胜于言。

不带个人色彩的批评和表扬是建设性对话的内容之一。类似约翰这样的直呼其名显得不尊重他人，类似布朗先生这样的正式叫法又显得死板，不如称呼其职位“主管说……”这样就很清楚，既避免对他人评头论足，又显出对方的权威。不谈论某个人或职位而是整个办公室意味着又前进了一步，例如“经理办公室宣布……”中庸之道不会小题大作或大题小作，因为丁是丁，卯是卯。当然，这也许会被滥用成千篇一律地对待同事的方式。

在没有完全清除干净的负面情绪或甚至极端情绪的带领下，了解会落入偏袒或片面。前辈曾认识一个不切实际的同事，他脑子里想法不断却很难转化成行动，因为他不知道让其他人参与必要计划的重要性。他在追逐概念或人际关系的过程中玩火，意识不到如果没有万事俱备，不论想法多么富有启发，不合时宜的表达将引火烧身。这名同事尤其难以协调内部支持和外部资源。有一次，他的计划得到了外部支持，却狼狈地得知内部没有资源。又有一次，同事被他设想的项目吸引，可他无法接上外部资源，“与其临渊羡鱼，不如退而结网”说的就是他。

意识层次	失衡态	均衡态
了解(直觉)	偏颇	宽广
思考(逻辑)	操控	客观
言说(沟通)	攻击性	说服力
情感(情绪)	极端	非个人化

这四个意识层次的第三个方面是，融合直觉和逻辑，无意识冲动与自觉努力，便是开悟的灵光闪现。这是眼前一亮或电光火石，水落石出的瞬间。

前辈曾参与一个重要证书的竞争，他在考核过程中体验到了直觉积极的一面。他觉得自己一路表现良好，直到那天的最后一轮面试，面试官考他理论问题，可事实上应用才是他的专长。一开始的两个问题简直错综复杂，前辈的回答模棱两可，惨不忍睹。他知道即使最后一轮理论上可以通过，也可能会阴沟里翻船。所以他直入主题，向面试官展示了第二个问题的另一种问法，以便他在这个过程中可以拿出看家本领而不是暴露弱点。他通过了考验！

不学而学

你拥有应对复杂情况的能力就意味着你能够摆脱成见，不落窠臼，放下汲汲营营那一套。隐士相信人人皆可成佛，我们的情感能够安住于此，清除执着与负面，成就说服性的沟通。道家学派创始人老子的哲学对禅宗影响深远，他说："为学日益，为道日损，损之又损，以至于无为"。影响禅宗的另一位早期道家哲人，庄子，也曾论述过忘我之道，放下俗世执着不再自欺欺人。

忘我之后是"无心"，不受思维阻滞以保持灵活敏捷。就像古代出家人过午不食，犹太人赎罪日斋戒、基督教大斋节或伊斯兰教的斋日，"无心"使心灵不受污染。不过，圣经（马太福音第十五章第十一节）说，入口的不是关键："入口的不能污秽人，出口的乃能污秽人。"许多宗教传统中，斋戒庆典随之而来的是标志性的忏悔。在道家思想中，"逍遥游"即是灵性的净化，万有万全无形无相，"学与不学，学不学，不学即学"[①]，放下胜负两极的偏见，你就能检视不同的观点。逐一分析每个人每件事，确定什么是你知道的，什么是你不知道而只是猜想或臆测的。孔子说："知之为知之，不知为不知，是知也。"老版电视剧《法网》中，侦探乔警告证人不要说传闻、猜测、谣言或风凉

① 《道德经·六十四章》，"圣人无为，故无败……学不学，复众人之所过……"

话，“实话实说，女士”。

任何一丝偏见都会有损判断力良好的声誉，以及倡议改革的能力。物理学家朱利安·巴伯评论说，现代最伟大的科学家们，“拥有对空间、时间、事物根深蒂固的错误观念”，“偏见混淆了世界的本来面目”。我们需要伽利略那样的态度，他在和那些执着于希腊宇宙观的人论战时说，“如果亚里士多德死而复生，看到现世情景，这位伟大的哲学家一定会立马改变观点。”

在实现客观超越，或法国思想家所说的“超然”时，朱利安·巴伯这位隐士意识到，如果对规律无一例外的情感走向极端，不论其自身看起来多么有价值，都将成为问题。当看似积极的情感固定在某个对象上，爱就会变成占有，乐趣成了迷恋。然而，如果情感“平和”作为目的本身，任意断绝其他选择或停止探索和体验每一种可能，那么它也高明不到哪里。然而，在与其他高层次的意识综合协调后，情感会变得平静客观，不再产生干扰。不过，情感若是太疏离或只是表现出一副不在乎的样子，又或者变得盲目地软弱受骗，那么这种平衡或醒悟同样有问题。有一幅描写中国古代隐士退居山林躲避政治斗争的名画，安住山间的隐士将双手伸向瀑布，两耳不闻身外事，表达一种与世无争的平常心。

举例来说，前辈在评估对手的项目时，并没有回头去想自己输的原因，而是专注眼前的评估。藉由“中和”（或者说开放心态）与“平静”（或者说不偏不倚），隐士道可以跳脱“求不得”和“怨恨会”的恶性循环。与其意气用事，不如退一步海阔天空，登高望远，见天下之幽幽。

“中和”不是一潭死水、消极避世。隐士实现了内外合一，在超越的同时不离世间万象。他的言说并不回避冲突或竞争，而是将对抗局面转变成建设性互动的途径。作为被动和激进两极之间真正的中间道路，“中和”拥有十足的生命力，也完全意识到无限机会的存在。所以说，“退步原来是向前，或此时无声胜有声”。

隐士道将道家所说的“万物一齐”的平等意识发挥到极致，有助于解决不公和分裂无所不在的世俗冲突。设想一个经理不断被下属抱怨奖励机制，他承诺给绩优员工第一季度发四项奖金，第二季度发三项奖金，员工不满并威胁造反。然后，经理稍加改动，第一季度发三项奖金，第二季度发四项奖金，现在所有人都满意了。其实什么也没改变。现实没有发生变化，最终结果也还是一样。然而，奖金分配的新办法给员工吃了一颗定心丸。

经理试图告诉员工，对平等的理解让内心安宁。当你接受机会有限的事实，就不会受制于不当的预期和要求。这个洞见给了前辈一个不再计算自我成就的机会，或是不再盯着对手的分数衡量自己的优劣。相反他可以专注评估的过程，个人声望和财富、名誉或认知度可有可无，它们是副产品而不是主要目标。

假设你和配偶在讨论买什么车，国产还是进口、越野车还是面包车、轿车还是旅行车、浅色还是深色、自动还是手动。买车的讨论很快升级成为对彼此关系的所有不满。吵得最激烈的时候，你搭电梯升上顶楼。然后你看到楼下的汽车看上去就像小小的、不显眼的斑点。这时候，你会嘲笑自己向这么一个小东西屈服，你会很快和另一半和解。

想一想某些东西的势力争夺战，比如说一份建议、报告、申请或要求。抽离到一个高度客观的位置上，你就能清楚地、不带感情色彩地、恰如其分地评判每个人、每件东西或每件事情的正反两面。我们效仿另一句儒家名言，“莫举重若轻，举轻若重”。然后你可以改进建议，做出相关各方都接纳的果断又灵活的决定。

本着施比受好，谦逊胜过傲慢的精神，禅指引我们完全客观地检视他人的观点，走向更深的自省和内观。不论个人情感如何，你必须在评价全体和个人的优点与缺点、需求与目标时尤为公正。不把任何一个人归类为盟友或对手，察觉态度和行为的每一个细微变化。

根据“己所不欲，勿施于人”的因果定律，你善待你的雇员，你的老板也会善待你。如果你手下的员工表现出色，让人们知道你多么重视他们的贡献，这会帮助他们更上一层楼。即使他们接到其它公司的邀请，也要确定你自己稳操胜券。如果在警惕错误和过失的同时一直保持公正的记录，你会更加言而有信。

三山是一山

隐士道与武士道的融合使EPA得以最终完成，隐士唤醒万物平 等的觉知净化个人动机，武士激活、运用、融合意识的前三个层次，摆脱偏见敞开胸怀迎接日常事务的各种可能。尽管隐士道和武士道存在根本不同，但是两者的最佳结合激发出面对困难挑战所需的沉稳灵活。隐士代表了拍离错综复杂的情绪，放下自我拔高视野看清事物的可能。在体制战场上奋力厮杀的武士，则有必要进行情感收放自如的隐士修练。隐士道本身也许会走向被动和放弃，以退缩和投降告终。武士道自身可能会造成同样是极端自我牺牲的冷血与不择手段，导致对抗和冲突的结局。

为了创造机缘，隐士借鉴武士道从而走出孤立变得灵敏，为人际交往做好准备。要成为随机应变的伟大武士就要成为沉着镇定的伟大隐士，反之亦然。隐士和武士的融合将言行的影响最大化，同时降低或消除风险。白领禅力图平衡两者，以便获得积极成效，减少极端和过激的可能。

习惯刀光剑影和腥风血雨的武士修练沉思之道时，他就是进入主流社会的隐士。禅宗十牛图最后一幅图“入廛垂手”中，牧童超越了第八幅图“人牛俱忘”的出世境界。有一则谚语描述了禅宗直观了悟过程中的三个主要阶段：

1、参禅之初，看山是山，看水是水；

2、禅有悟时，看山不是山，看水不是水；

3、禅中彻悟，看山仍然是山，看水仍然是水

传统解释认为，第一阶段表示一种闻花香、赏花容、赏心悦目的孩子的眼光。但是孩子无法客观分析或解释自然事物的重要性。孩子有的只是不假思索的印象，加上他或她听到或学到的东西。第二阶段是个科学家，在追究细节和对客观现实的前因后果分门别类时，也许会看不见事物的全貌。科学家依靠思维或理智，过分观察细节而看不见整体。不过有时候，科学家也会灵光一闪，好像顿悟了一样地大叫一声：“有了！”

第三阶段是个诗人，融会贯通前两个阶段的同时克服了他们的局限。诗人的方式既像科学家又像小孩，既是分析性或客观的也是体验式或主观的。诗人听起来和小孩一样，可是在经历科学家那样的阶段后获得了更深刻的体悟。辨别第一和第三阶段的“看山还是山”是一门重要的禅宗功夫。

设想一下经验不足的新手是如何成为专业人士的。熟悉业务有一段很长的路要走，下属会感到紧

张且还会被上司恐吓。但是要成功总是要瞄准更高的目标，因为总有一天你会取代那个你现在如此敬畏的人。你必须变得像你的现任领导一样才能在内部晋升。

前辈经常对学生说，他们不需要参加大型会议的研讨会或小组讨论，因为这是一件不胜其扰的“美差”。但是（这是一个至关重要的限定词），这个建议仅适用于那些已参加过或举办过研讨会的学生，不包括胆小到不敢参加或没有经验的人。这就是一开始的“看山是山”和最后的“看山还是山”之间的本质区别。

你在第二个阶段藉由恰当渠道获得进步，例如提交的报告被采纳，接着被选为审查委员，担任德高望重的角色之一。到了第三个阶段，当你对这个过程了若指掌时就可以超越它。最后，当你势头不再，你愿意退居二线，将领导重任交给新生力量。你并不是被推到一边，而是成长速度超过了这个角色，可以放下对它的执着。在成长的过程中，你会自然而然地回归到观察者或参与者的角色。变成资深顾问的你，即便工作被他人忽视或看似不受尊重，你也能坦然接纳。

最后一个阶段的发展历程瞬间再现和超越了第一个阶段。目标的达成需要分析、检验、学习，然后不学而学。这时候你会发觉山还是山，因为你做出了顺其自然的选择。看“山还是山”即是禅。

第三部分
看山还是山：从结构到反结构

“国王和将军勇往直前，军队就会勇往直前。”

——沙奎尔·奥尼尔

第六章

返本归源

拨乱返正

在你任性、顽固或浑身带刺时，即便观点正确也会接到他人警告：“小心！明智选择你的战场。”这句话的意思是你不会赢得所有战争，所以不要浪费精力去争无关紧要的东西。举个例子来说，同事对你即将开展的项目不感兴趣，如果这件事对你个人很重要，你只能努力推进。但是，哪怕是能取得成功的有价值的项目，如果你绝大多数时候固执己见，你会丧失公信力和影响力。你的同事需要知道你争取这个项目的特定原因。不然就在提案时不带感情色彩（客观中立），等待时机直到里应外合取得成功。有句职场版禅语叫做：“把握禅机！”

对抗中的竞争是单向和静态的，机缘是多向和动态的，“中和”与“平静”是前者向后者转变的关键。在对抗中，语言无法缓和紧张或产生预期改变。相反，它们使得一成不变的结构更加僵化。对抗使人生出无力感并加剧冲突，却无法创建支持体系，而机缘是多方受益的创造性协商。正如赫拉克利特的名言“相反者相成”，相互作用带来积极效果。在抬高对手或非盟友势力的同时，建设性地鼓励同事，认识到向他们学习将为你赢得尊重。

第六章返本归源在机缘问答中，禅宗大师往往向传统权威提出挑战，这是一个判断谁拥有真正力量（佛），谁微不足道而吹嘘捏造（野狐狸）的关键时刻。机缘问答的日语是kien-mondo，指的是一种“动态的契机kien”，注定相遇的双方进行某种特别会面，可是却在一种“问—答mondo”的过程或对话中携手探寻真理。机缘（kien)表示命运让你遇见看似偶然实则必然的人。这和另一个日文词语guzen(偶然）形成鲜明对比，偶然是指不包含在模式内的意外或任意的事件，以及无法容纳自由意志和个人选择的宿命论。

觉得遇到了对的人或事就是一种“善缘”。竞争对手或挑战者也可以是善缘，如果你最终学到东西或受益匪浅的话。kien的后缀“en”表示必要性和机会良性互动的意思。机缘问答是一较高下的考验和竞争，却没有明确的、最终的胜利者，因为即使看似失败的人同样也有所获。

“德山挟复子”公案，出色演绎了禅宗对话模式和教学，是成就专业领导力目标的典范。（全文附评论见索引目录。）

“德山到沩山，挟复子于法堂上，从东过西，从西过东，顾视云：“无！无！”便出。

德山至门首，却云：“也不得草草。”便具威仪，再入相见。沩山坐次，德山提起坐具云：“和尚。”沩山拟取拂子，德山便喝，拂袖而出。德山背却法堂，着草鞋便行。

沩山至晚问首座：“适来新到在什么处？”首座云：“当时背却法堂，着草鞋出去也。”沩山云：“此子已后向孤峰顶上盘结草庵，呵佛骂祖去在。”

这则公案说的是两个大师不期而遇的故事。一个年轻、有抱负的和尚未经通报闯入寺庙中心的法堂，挑战公认的大师——沩山，在前面第二章讨论到的公案中，沩山因为踢倒净瓶开山建庙而闻名于世。见过德山后，沩山立刻分出胜负。谁拥有不动心？谁更容易动摇？在他们的交流中，哪里是披头禅或反结构（以德山为代表）与方形禅或结构（沩山）之间的比试，这则公案留下了很多不清不楚和神秘莫测的地方。没有明确的胜利者，或更有可能的是两个人都获胜，通过竞争都获得了提升。

故事从德山突然造访寺庙，挑战沩山的权威开始。“挟复子”的意思是德山挑着一担佛经（或经文）出现，因为他号称“周金刚”[①]，他随身还带着钵盂和草药这样的物件。这也表明了“挟复子”在

① 德山宣鉴禅师，俗姓周，他原在四川讲《金刚经》，时称“周金刚”，著书注解《金刚经》，书名《青龙疏钞》。

当下的含义——适得其反的态度和焦虑加重负担。有时候，你需要在入口处清空行李迎接新体验，但是显然德山一开始就没有或不愿这样做。他的策略是带着身家伙计作为独立象征，直入权力的殿堂。

法堂是传统禅宗寺院的核心。在其他佛教门派中，最重要的机构是作为礼佛之地的佛堂。因为禅宗认为寺院住持是“现世的佛”，不需要传统供养，所以用法堂取代佛堂做寺院主室。法堂正是禅师坐在高椅宝座上，每日讲经布道的地方。德山似乎是无名小辈，所以才能在一开头走来走去耀武扬威。德山跳过规矩直接登堂入室，于是大胆宣称自己更胜一筹，不受寺院体制结构规则和惯例束缚。他发表胜利宣言：“这里没有人。”——也就是说，“我赢了！”

这种公然的反结构行径，很可能会让德山自作自受。公案评注讽刺他是：“担板汉，野狐精。”评注人说，拥有禅的力量对德山没什么好处。他傲慢而归，让个性发挥极致，却忽略了最基本的正式礼节。

德山一开始的反结构冒险并不成功，因为进展太快，没有准备妥当。沩山早先踢倒净瓶，成功宣告自己的独立和成熟。他的行动比起遵从惯例更有效，因为它不是出于自我，而是用来表达一种比对手更深刻更全面的了悟（对手同样试图采取反结构做法，但失败了）。沩山另立门户的奖励不过是比赛的附加产品而非他本意。然而，德山似乎只有不敬。他需要在打破常规之前回到原点和遵循正确途径。

德山觉得自己“太无礼了”（在禅宗对话中很常见），他必须重返法堂。没有和沩山面对面，他自己所谓的胜利就是虚假的，沩山也许听过他的名声，所以才小心翼翼。如果没有会一会沩山，德山此行就是一场败仗。他既没有领略大师风采，也没有展示自己的卓越不凡。这一次，德山俱威仪而来。

至于住持沩山，他好像一开始就不为所动。德山站在面前时他一言不发，似乎浑然不觉对手的来去。在其他公案中，大师们离开寺庙探访山间草舍中的隐士，他们的声誉威胁到体制内领袖的权威。就好像行政长官或经理某天微服私访一个白领，听说后者会超过他。不过行政长官也知道自己会接到后起之秀的挑战。另一个例子是西部英雄比利小子，他走出藏身之地挑战更年轻的神枪手。还有就是在试炼手中剑时磨炼剑术的日本武士。

虽然沩山看似无动于衷，但是在对手攻击时他并不只是安静地坐着。他也没有让自己在受到新人威胁时惊慌失措。公案评注人说：“沩山坐次冷眼看这老汉，捋虎须，也须是这般人始得。”他静观其变，待德山露出真面目后再做应对。沩山的气度为自己设置了无形保护。他没有让自己做出可能会后悔的迫切行动。禅语说："守心如城（守意如城）。"沩山不仅在守护寺庙和权威，更是守护这些东西背后心灵的完整和尊严。

公案第一段中，德山和大师的对话不过是他自己的内心独白，是一句话的独角戏。这一次，德山和先前判若两人，提起坐具叫了一声"和尚"。这也许是德山的道歉，又或者看似放下身段实则进一步挑衅。沩山仍然不为所动，然后要拿起拂尘。拂尘是从中国早期宗教萨满教延续下来用作净化和驱魔的法器，禅宗大师坐在法堂宝座上挥舞拂尘时，它就是权力的重要象征。

百丈禅师手执拂尘安坐高堂

拂尘不仅象征着地位，还常常被当作教学工具，大师门用它在空中画圈或者扔到地上。它还被赋予神话色彩，能够化龙升天。在这个公案中，拂尘是沩山面对强敌挑战时宣示主权的无声工具。他在给德山施加压力，德山傲慢也好顺从也罢，都在考验他的耐性，于是他借助象征权力的拂尘。不过，这个做法有它的局限性。禅宗认为，所有象征终究是外物，不能体现真正的权威。如果任意妄为，它们只会像语言那样徒劳无用，无法实现本来目的。

显然，德山被沩山的权力秀弄得不知所措。拂袖而出是一种表达蔑视和重申主权的做法。公案写到这里，读者并不清楚德山的状态。他是惨痛失败还是大获全胜？公案评注又一次说他是野狐精，不过也说他是“一等是拏云攫雾者”，“勘破了也”！

德山蔑视拂尘，表明他对沩山处于上层地位的漠视。借助法器的沩山并没有展现自己的高明，反而突显了德山的特立独行。德山不再急冲冲或傲慢自大，而是鼓起勇气转身离开，借此传递反结构的真义。那一刻他意识到，自己也许会被沩山的人视为独行者和手下败将。不过，如果他可以树立威信和耐心等待，人们的看法也会发生改变。

公案评注把德山比作飞骑将军李广，他在大胆袭击敌军后被擒，却能够出其不意地死里逃生：“飞骑将军入虏庭，再得完全能几个？急走过，不放过，孤峰顶上草里坐。咄！”。这也说明德山没有取得完全的胜利。“孤峰顶上草里坐”表明他的成就有限，视野仍然受限。

沩山也许会被德山的轻蔑惹恼，不过他最后评价德山将会呵佛骂祖去。这说明德山凭借出色运用反结构或有效使用披头禅，赢得了体制结构或方形禅第一把手的尊重。披头禅胜过了方形禅，尽管有时就像沩山持拂尘那样，你不得不用手指画地为界抵制反结构入侵。然而你最终会意识到，在空中画出来的框并不真实地存在。

沩山的教学法以学徒制模式为基础，可见于世界范围内的中世纪传统。师父几乎从来不在其他徒弟面前夸奖任何一个弟子。这种沉默是一种间接的教导：鼓励团体进步，减少造成冲突的自我中心。这并不是因为师父不理会表现优异的弟子。相反，师父的沉默使得团体成员生出直观感受他人真实反应的能力，超越对语言和非语言的依赖。

沩山在上德山在下的等级模式很像当今的职场。假设你是沩山，一名下属的天分和能力值得拥有比现在更多的支持和认可。有一天，下属在失望中虚张声势地闯进你办公室，从东走到西，从西走到东。你会拿起像拂尘一样的权力象征吗，好比说抄起一纸公文？

这个公案表明了三个关键原则。第一个原则是，确定人际交往真相的机缘必不可少，无法避免。除非如德山一般的下属获得提升，否则他不会有耐心待在某个岗位上。第二个原则是你必须一步一步地创建机缘。像德山一开始那样跳过其中一步，就犯下一步错步步错的致命错误。挣脱结构束缚前，必须确定你已尝试过所有体制内的求助和补救措施。

第三个原则，在冲突背后，德山和沩山表面上是你死我活的对手，实际却是最亲密的同盟。从公案评注来看，德山出师不利但终被认可，沩山受到挑战却守住自心，两个人都曾犯下贼过后张弓的错误，也都展示了真正的运筹帷幄。没有哪一个人是简单的对或错，他们引导彼此走向真理。中国有句话叫做：“教学相长”。

对抗或机缘?

对抗或机缘都涉及双方的面对面，但对抗是直接单向的，机缘则调动和整合多方建设性参与。在对抗模式中，犹豫不决或摇摆不定的一方会直白地质问“你是不是，例如说，任务分配不公或要提拔其它人？”一种可能是你会得到快速有效的回复，误解或信息不充分的棘手话题被澄清，误会得以消除。但更有可能的是，受到挑战的人举起盾牌，给你一个不明确或不清晰的答复。

通过直接质问获取解决办法被证明是无效的，在这一点上，对抗的效果并不理想。屡试不爽的机会带来的往往是失败或困境。

很多年前的一个橄榄球教练说，他不愿意采用新式向前传球技术的原因是，“三种可能的结果（接住、没接住、被拦截），其中两种都不好”。当然，向前传球技术最终得到普及，但是只能通过彻底改变整个团队的结构和战术来实现。橄榄球的跑阵还在使用，但已经不再是唯一战术。

机缘	vs	对抗
	优劣对比	
大局观		个人利益
灵活		顽固
无限开放		恐吓胁迫
相互依存		要求掌控
协商		非胜即负
	结果对比	
促成协调合作		侵略性或消极态度
持续的团队精神		冲突与不和
迂回地现实目标		分化之上的直接挑战

有一次，几名后辈来找前辈，他们的工作质量很高，却感到被体制结构困在边缘、不利的位置上。他们的部门不被认为是机构的主要部门，所以无依无靠，得不到保护伞或机构保护。他们过去没有，现在试图寻找一个强有力的领导，能为他们利益着想，提供一个表达切身关注或寻求支持的顺畅渠道，而新领导将会受益于他们的工作成果。

这个部门的成员告诉前辈，他们觉得自己像是没有长官羽翼庇护的浪人。不过，他们有些天真，没有意识到要实现这一点，不止需要某个同事支持，更需要高管点头。不管是把新资源直接给他们还是他们的主管部门，管理者都不得不承担起调整组织结构的责任。他必须确信值得扩大工作范围和支持这个改变。

前辈提醒他们需要让管理者参与进来。半是因为挫折感半是出于急切，他们冒昧邀约了一位有影响力的副总裁，他同意和他们见一面。一开始，副总裁还饶有兴趣，可事实证明这些晚辈们毫无准备。当副总裁提出尖锐的问题：他们有什么能拿得出手的，为什么他应该投入自己的时间和金钱。这时他们意识到自己没有充足的依据。他们给人的印象是出于绝望而提出无理请求。他们既不能回归更高层次的直觉意识，也没有顾全大局或“委曲求全”，建立信任感和相互合作。

对抗和机缘的区别可以用“压力”和“杠杆”这两个词来比较。前者的意思是动用外界的威胁、压制和恐吓，强迫不听话的同事或负隅顽抗的对手乖乖听话。然而，“杠杆”的意思是在体制内灵活冷静地采取温和但持久有效的行动，超越欺骗和争执带来更高层次的新的理解。

就像德山在公案开头那样，这些浪人们（晚辈）过快踏入权力殿堂，却又缺乏掌控谈判的杠杆。这场谈话无疑变成了一场对抗，他们能做的就只是质问副总裁：“为什么你不愿意帮我们一把？”他们无法挽回大局或者把这次会面变成一个建设性互惠互利的机缘，所以默默收回请求，最终各奔东西。

“大妥协”是对抗和机缘之外的另一种选择，很多情况下它是实现和谐的有效方法。然而，当结果犹犹豫豫或不清不楚时，妥协没有用。不像急攻猛进的对抗，妥协很可能一动不动。那些晚辈们可以选择消极等待，可结果不会比贸然行动好到那里去。禅在积极和消极间取中道，通常借由反结构行为加以实现。

所罗门王的“智断争子案”中，他没有向两个争子的妇女妥协。他在下令把孩子砍成两半时，运用反结构要素制造机缘，想出了一个确认真母亲的办法，因为真正的母亲宁愿放弃孩子也不愿意看到他受伤害。在“南泉斩猫”公案中，南泉禅师更胜一筹，他真的把猫斩成了两段。

在南泉斩猫公案的续篇中，赵州禅师听到斩猫的事情后，把草鞋放在头顶上，以一种超越南泉禅师的反结构姿态走出去。南泉禅师说，如果心无挂碍的赵州当时在场，猫儿的命就能保住了。在所罗门王和南泉禅师的谋略中，基于直接请求的妥协不足以揭露真相且导致僵局。相反，二者从反结构直觉的立场出发，考验纠纷双方的心。揭露竞争双方隐藏在诡计或伪装背后的态度和意图即是有创意地解决纠纷。

改头换面

把握机缘意味着做好全力以赴、面对面的准备，在主张权威的巨大挑战中考验自律与自控力。你和对手或伙伴直接相对。所有其他因素和想法融入有声无声的背景中。机缘不是某一次会面，一件事或一系列交流。把时钟扔出窗外，让时间静止，或多或少就有了解决问题的机会。对回忆和期望的内心体验决定了你的时机感。

德山公案评注说，“改头换面，无风起浪”。跨越等级无形界线登上广阔舞台需要有勇有谋，正直诚信而非等级地位决定你的价值和权力。真正的权威不是通过这样那样的话语、想法、符号或行为来展现，而是体现在一个人如何说话、思考和行动上。举例来说，在棘手任务案例中，准备好长篇大论去见主管会极大抑制你有效或有说服力的临场应对能力。倒不如散发你对自身能力的权威感，表明你的愿望和需求与他的要求和预期一致。

如果你准备充分并相信自己更胜一筹，则法无定法。因为不动心可以千变万化，传统禅宗大师完全出人意料却又从容不迫，让对手摸不着头脑。这需要对不同人和不同环境随机应变的灵活，可以说是“没有办法的办法”。禅宗公案说，“人弃我取，人取我予”。

在禅宗公案和孙子兵法中，战略上的虚虚实实、出其不意、声东击西和反客为主都是一些迂回战术。这些借狐狸招行菩萨善的招术，让人想到需要技巧利用对手犹豫和软弱的大赌注扑克局。扑克玩家冒着极大风险，利用形形色色的诱饵、恐吓以及各种伏击和诱捕其他玩家的方法，同时用一张“扑克脸”隐藏实力。根植于中立态度的迂回战术尤其有效，自己不露声色却让同行和对手暴露无遗。

不动心四两拨千斤，最大程度地扬长避短。在机缘中，有必要换位思考或远离成见。这就是为什么德山被形容为“飞骑将军入虏庭”。 武士看到对手的缺陷或弱点时，那并不是他要攻击的地方。所有人都会抓住机会攻击弱点，机会所剩无几。因此，武士攻击对手的长处，对方专心保护弱点而忽略的地方。这个战术在德山公案评注中就是“不妨坐断天下人舌头”。

孙子兵法中的虚实意味着让急于求成的人稍安勿躁，或者对负隅顽抗的人快刀斩乱麻。有时候也需要反其道而行，不顾一切前进或对顽固分子隐忍克制。任何战略如果变得僵硬或明显，都会适得其反，因此你必须不拘一格。禅宗大师们知道自己一定会遇到意外或矛盾，不是受人爱戴就是遭人唾弃，因此需要做好应对风云变幻的准备。所以说，“无招胜有招”。

这一刻就像在体育场上拿出最佳状态。体育竞赛需要自主性和纪律，机缘在其中此消彼长。只有在和对手的互动中才能确定和评估一个人的表现。对着毫无生命的球网练习发球、投球或射门有一定的作用。然而最终，训练质量在比赛白热化时对手的反应中一见高下。

尽管比赛在公共场合举行，有观众观看，也有队友支持，但是结果来自一对一的较量，谁先畏缩或眨眼谁就输。他们说洋基球场的投手土墩是世界上最孤独的地方。不过，对手能够帮助彼此取得更好的成绩。最后，谁赢谁输呢？奥运会十项全能金牌得主布鲁斯·詹纳，举起自己的金牌说，“我爱我的对手，他成就了最好的我。”这让人想起拳击手默罕默德·阿里和乔·弗雷泽的对决，人们说拳击场上的他们激发了彼此最好的一面（尽管不幸地，在比赛场外是最糟糕的一面）。

就像棒球全垒打或击败网球对手一样，成功的机缘需要自然、自发、毫不费力地完成动作，没有时间考虑再三。不论准备得再细致周全，实际运用瞬间必定有当下直觉或条件反射，摆脱无意识或有限反应。融合了自发自觉思考的直觉意识决定效果的好坏。棒球挥棒不可能是思考和行动相互对立、彼此分离的结果。正如汤姆·卡苏勒斯所说，禅的目的是直指当下。理论上说“我打棒球”没有错，但是“击球当下只有完整的击球动作”。这一刻，没有自我或一个“我”的意识阻止你自发行动，“击球手最好不假思索地行动，就是说，不去想从中学到了什么或应该怎么做，只是保持警惕”，无条件和无所畏惧的自我尊重让击球手在巨大压力下一击即中。

日本剑术大师泽庵宗彭说，有所为和有所不为是自控的关键，“有成者用剑，必杀时，杀；需放时，放。杀，全神贯注；放，心无一物。不论对错，便知对错；无有分别，即能分别”。需要击球时，击球手出击，需要等投球时，击球手屏息以待。

设想一位行政主管逐一回应每一个员工，从多个角度探讨人事议题，不妄下定论，不断绝建设性变革的可能。如果需要痛下杀手（或严厉批评），他便使出杀人剑。如果需要放员工一条生路（或热情赞美），他就使出活人刀。需要的话，他可以在中途改变道路或调转方向，因为不动心如如不动。

表演是机缘的另一个形象比喻，不是那些有机会回炉的电影表演，而是所有一切都是即时和没有剪辑的现场戏剧演出。在寄托所有人希望的公演彩排前夜，导演叮嘱紧张的团员，“不要演，然后...开始！”禅的观点在他身上得到集中体现。

如果演员忘词，准备不足或表演不到位，没有任何过滤器可以阻止这些落入观众和评论家眼中。这就是为什么有些好莱坞演员会在电影拍摄期间回到苛刻的百老汇磨炼演技。出差错时，有时即兴表演和剧本一样精彩。如果你心态稳定，那么冒险说一句新台词的结果会很不错。

此“好”非彼“好”

主管下达棘手任务的那一刻就是机缘互动的时机。在那个微妙瞬间，最有效的应对就是简单但肯定地说，“太好了，我会做”。然后，你可以加上几句，“事实上，我有一些关于如何把项目做大的想法，如果给我必要资源的话，我可以调动整合整个团队。第一步是访谈和分析，写评估报告。第二步是执行”。接纳整个新团队作为发展良机而非个人成功的阻碍，你就会和主管一起发展出相互支持的基础。

你会在接下来的日子里发现，你的预算和人员都增加了，然后名声大振。你怎么这么快就办到了？如何理解这份成功，然后复制到其他情况中？

第一个问题是，为什么这里的“太好了”如此不同和胜过第二章里面的“太好了”，后者是消极和没有选择下作出的不良回应。只看字面本身的话，两种回应似乎相同。然而，说服性沟通不单指语言，更指的是说话方式背后的意图。第二章里面“太好了”的真正含义恰好相反。因为你感到腹背你受敌，想不出其他办法只好勉强同意。

这里的“太好了”体现了言说的力量：争取公平合理、把冲突转变成建设性对话和协商。是在近乎反结构的自由意志和沉着镇定下说出的话，而不是出于威胁或压力，它改变了所有人对职场环境结构的看法。第二个“太好了”的关键点是，你本可以不用说或不这么说这句话。它不是沩山踢倒净瓶或南泉斩猫那样的激进反结构，却能增加你的自信，极大地帮助你克服困难实现预期。

把注意力从过去转到当下有助于结束拖沓，让你意识到离目标还很远。你需要做什么？首先，写一份评估接手新团队的报告；然后开一系列个人和小组会，推动提出重整建议的高潮。只有在一个各方畅所欲言的会议上，你才能获得所需的同伴支持。落实建议前所有人都必须达成共识。你平等尊重每一个成员，就会受到主管同样的尊重，因为你是个好榜样。你向同事展示，如何为了完成项目本身而非为了某个小组或个人的利益，而促进整体团结和提高生产力。这是一个承担责任同时分享成果的好例子。

在平衡过于激进与向外界压力妥协的过程中，机缘方式同样有效，因此你能够把升职拖延转变成大好机会。与其找负责做决定的副总裁算账，关注程序的细枝末节，不如和她见面讨论当前工作的内容和愿景。尽管很在意并等着重提升职一事，你也不会询问副总裁事情的进展，这会表现出你一心一意求取地位而非展现你的名望和正直。这个话题说得越少越好。相反，认真负责和全心全意地继续努力，不为个人收入和所得的私利分心，清楚地表明你值得提升。

同时，你也有机会更好地了解副总裁在寻找什么样的候选人以及新职位的责任。不出所料的话，这不会让你马上升职，但是你展现了一个理智且自信的团队合作者形象。

表现出克制和自律就能团结他人为你传递正确信息。积极而富有成效的态度激发了各级同事对你的同情和支持，当你下一次提出振奋人心的方案时副总裁也会洗耳恭听。当她看到你并没有被困在没有出口的死胡同里，而是“埋头工作，不管是非”时，她会印象深刻。在管理层和普通员工支持你的影响下，副总裁被说服重启升职进程，你最终将得偿所愿。

第七章

皆大欢喜

前辈总结了构建成功机缘的四个步骤。这些步骤是自发自觉行为的样板，整合协调内在自性或意识层次，通过言说和沉默有效重整顽固的体制结构。每个步骤中，既有打破常规的时候，也有依循体例的时候。德山公案评注的开头说，“只为时节因缘，亦须应病与药”是底线，但问题是：“现在告诉我，放任自流或紧抓不放孰优孰劣？”

步骤一 认知体制内危机（情感）；此路不通，找能人

步骤二 在结构内创造性地运用语言 （言说）；造势，造势，再造势

步骤三 沉默战术（思考）；权威的象征

步骤四 步入反结构境界（了解）；团队整体作战

如果在走到步骤四的反结构领域前，在一开始步骤一陷入危机，你会在接纳旧体制现状的立场上，透过运用和选择恰当的言说或沉默尝试带来新变化。

不动心选择：

说：在当下积极言说(步骤二）

不说：冷静思考未来 (步骤三)

“言说”欲说还休，“沉默”不言自明。有言说的时机就有沉默的时刻，掌握两者对说服性沟通和建设性协商至关重要。

第七章皆大欢喜当言说或沉默策略在前三个步骤无功而返，在最后一个步骤挣脱束缚和成就反结构“异行”也许行得通。机缘和合时，各方都将跨越之前割裂彼此的无形等级界线。他们立足在当下的广阔天地中，没有分别没有干扰。每一个对话参与者都有机会用大胆有力的观点表达他或她的理解深度。为了飞跃到一个洋溢变革与创造力的未知世界，权威界线以及对安全和保护网的依赖被放到一边，就像沩山踢倒净瓶和德山背却法堂的当下。你如何能做到呢？

步骤一　认知体制内危机（情感）

先从认知和调查结构内的破坏因素，寻求有效补救措施开始。当阻碍你前进的问题出现，首先确定这表面的挫败是一个有待解决的合法危机，或者表示其他有价值的观点暂占据上风，那是一种尽管与你意见相左却必须给予赞赏的观点。

佛教经典《妙法莲华经》的“火宅”寓言中，父亲回家看到房子着火了，孩子们在二楼沉溺玩乐嬉戏浑然不觉。看着这场孩子们毫无察觉的危机，父亲必须想办法及时解救他们。就这一幕来说，步骤一可以说是“看见着火了”。然而，为了维持稳定，你必须避免患上扭曲、夸大、夸张的“天塌了”综合症。认识到无风不起浪很重要，但也不允许在公共场合大叫“着火了”。

一旦你认清进步的阻碍并尝试开始清理它时，你发现机构现状容易产生拖沓、专制和反作用，阻挠你寻求解决办法。每个谈判或交易都是最大程度的权衡利弊。就像德山公案评注说的：“赢得顶上笠，失却脚下鞋。”

如果向情绪让步，表露沮丧无奈或消极顺从，你就把一系列外部问题变成内在问题，成了贼过后张弓。与其这样，不如保持步调平稳和借助合适渠道，让每一个等候指令的人都有机会发展化解危机的方法，即便这会挑战你的耐性。

在调查外部机制和措施，例如预算金额，分布数据，销售报告和其他生产率指标，等待调查结果时，不动心让你免受干扰。它保持一种从容的自发的平衡，既不急躁也不无限期地犹豫。在不断专注建设性事务细节的同时展望大局，根据当前的成功或失败决定下一步行动。

某些情况下，机构渠道自身可以提供保护和支持。前辈的一名助手一直埋头苦干，然后突然一鸣惊人，值得被提拔或给予其他奖励。前辈仔细查看了流程和预算。他准备好所有材料，然后在周三的截止日期前及时提交了一份申请。周五快下班时，他接到部门主管关于终止人事申请的通知。

周一早上前辈的第一件事，就是接到人力资源的电话，提交一份违反通知的升职申请让他看上去傻极了。前辈放下电话的时候在想："我哪里做错了，如何弥补？"他一边挠头，一边试着理清这一团乱麻。

然后他意识到，事情发生的先后顺序给了他机会。他给人力资源打电话解释，在他提交材料前没有迹象表明即将终止申请，所以他的申请应当被重视。人力资源不是一个批准申请的职位，但是他们可以重启进程，然后需要上级核准。这意味着前辈最终不得不和作出通知的责任方进行协商。在走常规渠道的初始阶段指出事情不公正的地方，这会成为前辈进入下一个机缘步骤时的武器。

此路不通，找能人

组织结构可以给人自由广阔的空间，但是当人们无动于衷而不是超然中立之时，组织机构也可以让人患上幽闭恐惧症与受到束缚。就像乔治·哈里森的歌曲《收税人》，唱出了体制的严厉无情："你要是开车我就收养路费，你要是散步我会收脚税。"组织渠道是出了名的动脉堵塞。往往只有一个人负责或了解特定程序或行动。如果你能找到那个正确的人，你最好希望他们没有离开办公桌，没有外出午餐，不会反应迟钝。

同事告诉我这样一件事：她经手的一个重要项目，好几个星期都没有进展，但是花掉这笔钱的最后期限就要到了。她将违反合约，然后向基金会归还剩余资金，因为她们公司的官僚还没有走完最常规的程序。她每一次抱怨，各个部门的人都对她说不用担心，因为他们已经“给赫克托尔[1]发邮件了”。她听说，不管赫克托尔是何方神圣，他一定扮演着重要角色而且无疑是解决问题的那个人。剩余时间寥寥无几，仍然没有最终回复，危机迫在眉睫。她决定打几通恰到好处的电话，推动一下事情的进展。

最后，一名跟进事情进展的高级助理（也是她最不愿意接近的人）给她回电话确认说，他已经弄清原委，还说他能给出解决问题的建议。于是她屏息静候，当他骄傲地宣称解决方案是“给赫克托尔发邮件”时，她一声叹息。下一步该怎么办？显然她被卡住了，不能前进也无法原地踏步，更不愿意后退。在直接找部门领导前，她还需要穷尽其他中间手段，那就先从寻求替代方案和向支持者说明体制改革的需要开始吧！

① 赫克托尔(Hector)，特洛伊第一勇士，被称为“特洛伊的城墙”。作者在这里用赫克托尔比喻组织机构里的能人。

步骤二　在结构内创造性地运用语言（言说）

组织渠道走不通时，借助语言的巨大力量软化当前结构的僵硬，有创意的言说就可以产生积极改变。在克服偏见或自我怀疑的EPA过程中，言说是阐明愿景的有用工具，在构建同盟的同时有理有力、建设性地提出批判。

自我怀疑的时候，你觉得理想和现实的差距像美国大峡谷一样宽。你在震惊之余变得优柔寡断、事后批判。但组织结构并非固定不动，了解到它不是一成不变时，你就不会感到迷失、茫然和困惑。说出口的话和没说出口的话，都不是任意妄为。相反，它们是有效沟通的工具，在协商中向伙伴传达你所努力实现的目标，就能缩短理想和现实的差距。

由于沉浸在未经净化的情绪中，言说往往带有消极的、“恶意中伤”的负面影响。孔子提醒世人小心文字的破坏力，“上士杀人使笔端，中士杀人用舌端，下士杀人怀石盘”。同样的，鲍勃·迪伦的歌词说，“就像一个伟人曾说过，有人抢你用的是自来水笔，用不了多久你就能发现，他说的真是一点错都没有，许多人桌上没有足够的食物，但他们有很多的叉子和刀子，于是他们需要割点别的什么”。

建设性批评很有价值，但如果语言的表达方

式引起尴尬或难堪，则适得其反。可供选择的词语组合无穷无尽，包括在“这项工作做得不好”和“让我们做些改进”之间的选择。某些情况下，不是说话的内容而是表达方式在起作用。如果言辞本身恰当，但是用嘲讽或高高在上的语调表达，其影响力就会降低或消失。如果一个人嘀嘀咕咕地说：“我不介意他们说什么，可为什么就不能换个说法呢？”，即使这个想法没错也没有用。口头说出的话和心里想的往往不像期望的那样一致，不管你有没有意识到。难道你没有发现，你说话的语气音调，不知不觉地随着你喜欢还是讨厌、关心还是不关心某个人而改变吗？

有个同事出了名的爱抱怨，虽然抱怨很正常，可太过分的话就会被上司叫做“牢骚大王”。不过，正是管理者自己放弃了道德权威的立场，没能抓住机会说：“我了解你抱怨的好意，也很想帮忙，但是必须为团队考虑。”

有时候有些话听起来很有说服力，实际毫无诚意和虚伪透顶。狐狸也能模仿取悦和安抚灵魂的那一套，不管是真是假。神话海妖魅歌说明，所有沟通形式都有欺骗与威吓的力量。反面的案例是，言辞过于激烈而无法掩盖个人情感。电影《我爱露西》里面，露西·里卡多撒了无数谎言，有一次她发誓从今以后只说真话。然后露西和埃塞尔去拜访一个用中国小物件装饰公寓的朋友。女主人去另外一个房间时，露西评头论足说，这个地方“看起来就像吃了糟糕中餐后的噩梦”。朋友回来后，埃塞尔让露西说说她的感想，露西回答，“像梦一样”，倒也没有违反她的誓言。等到埃塞尔说，“露西，告诉她是什么样的梦”，她的小把戏就不管用了。

直言不讳有可能因小失大。号称减税总统的罗纳德·里根，实际上监管了历史上最大规模的加税，不过他知道少说为妙。在1984年的民主党全国代表大会上，对手沃尔特·蒙代尔失去了选举的绝对优势，他在接受提名演讲中说会因为预算赤字加重税收。蒙代尔说,事实上“我们都会加税，区别是我的对手不会告诉你，而我说了”。他是对的，就像他们说的那样，后来的加税是历史事实。

语言可以用来安抚灵魂，也可以用来折磨它。我的导师是中国人，他总是用表扬来修饰批评。这其中的规律似乎是，“越是表扬你，其实越是批评你”。所以，他叫我去的时候，如果表扬的开场白持续超过几分钟，我就知道麻烦大了。

造势，造势，再造势

从积极的一面来看，不论口语还是书面，据说语言拥有唤醒神圣能量的非凡能力。这一点为世界范围内的宗教所认可，强调各种形式的祈祷、念经和唱颂作为祈请仁慈或宽恕力量的方法。例如，在大乘佛教中，《妙法莲华经》的功德可以通过读或写获得，或者甚至只是诵念经文的名字或关键段落。这和修慈悲精进的坐禅有类似神效。

传说日本高僧空也上人的念诵出神入化，于是在一尊著名雕像中他被描绘成妙舌吐菩萨的样子。儒家说，子不语怪力乱神。设想你坐在长条饭桌前，需要加一点盐，可是盐罐在饭桌的另一头。你只需礼貌地说一声“谢谢”，手指都不用抬一下就有了。这就是创意言说改变组织结构的例子。没礼貌就绝不会得到盐罐，除非你自己起身去拿。

如果吃饭时有什么尴尬的事，像是打喷嚏，嗳气或打嗝，一句“对不起”就能净化空气。然而，尽管像“请”和“谢谢”这样的简单日常用语意义重大，如果言不由衷的话也会适得其反，就像身边的客服代表机械地说“祝你今天愉快”，一点用也没有。

运用语言重整结构就是一种“大丈夫外交（daijobu diplomacy)”——daijobu(大丈夫）是日语，意思是“一切都好”。这是一种表达积极、乐观的实用技巧，既缓解压力也提升士气却不会乐观过头和不切实际。大丈夫也是一种“以牙还牙”。在“火宅”寓言中，为了尽快劝诱孩子们远离危险，父亲大声地喊说他会给他们宝车，也就是说，比他们现有还要好的珍奇玩物。这是一个避免孩子葬身火海的成功办法。

空也上人唱诵

孙子兵法的“树上开花”一计，道出了大丈夫外交的目的。哪怕这棵树快死了，树枝光秃秃，也要让人们觉得它枝繁叶茂。这就好比柔术，当隐藏的佛被激发出來助你一臂之力时，根深蒂固的体制冷漠或消极障碍变成了优势。佛是真正欣赏和肯定你工作的人，而盟友在推进你事业的过程中，需要感到有所得却不会有所失，注意到这点很重要。从正面意义上来说，佛对不考虑等级地位干扰的实力评估漠不关心。

运用语言带来具体改变时，其内在规则是“眼见为实”。有些人喋喋不休，有些人出口伤人，而禅使得语言“浓妆淡抹”总相宜。如同一首禅诗所写的，“春有百花秋有月，夏有凉风冬有雪，若无闲事挂心头，便是人间好时节”，大丈夫外交的目的是通过适当扭转局面有意识地改变人们的看法。

大丈夫外交意味着，当他人动机不明时——例如对你的询问和举动做出模糊或不清楚的回应，你仍然表露信心镇定自若。从康德的绝对命令[①]来说，大丈夫的字典里没有“好像”，大丈夫已然胸有成竹。这使得你的往昔对手从意欲阻拦转向关注共同利益的实现。

前辈有一段有意思的经历，他的同事在一个有潜力的项目上对他支持有加。身为项目评委同时也是候选人，这个同事清楚审批过程的来龙去脉，因此特地跑来给前辈出主意。等了好几个星期，那个同事每隔几天就礼貌地问一下进展，伸出希望和支持的援手却不会让前辈感到焦虑。然后，好消息终于来了，那个同事却神龙见首不见尾，难道是“J”字（嫉妒的首字母）在作怪?

不久，那个同事为之努力的项目也收到了振奋人心的消息。前辈特意第一个打电话恭贺。尽管前

① 绝对命令，德国哲学家康德用来表达普遍道德规律和最高行为原则的术语，又译定言命令。康德把绝对命令表述为:“不论做什么，总应该做到使你的意志所遵循的准则永远同时能够成为一条普遍的立法原理”，《实践理性批判》，第30页

辈忍不住想以牙还牙，但他还是不希望自己因为犯下同样的错而内疚。从长远来看，这样做的回报将是同事宝贵的长久合作。前辈的主旨是“结果好就一切都好”，沿途的顽固污点不过是必要代价。

大丈夫外交的效果主要取决于三点。首先，避免坚持、威胁或要求的同时提供无限选择，籍此开启对话。如果你希望主管改变对你工作的负面评价，就不要抱怨或指责他人，或是不合时宜地强压。理直气壮地说话但不要看起来小里小气或争强好胜。这不只是打动那些比起惹事生非更愿意说话算话的人，防止众所周知的牛尾巴（自我）无法越过窗户。而且同事不会感到受威胁或利益受挑战，他会欢迎这样一个参与解决危机的机会。值得称为大丈夫的人，至少拥有相互理解的信誉。

第二点，不是所有大丈夫外交激发的想法都会变成现实，也有昙花一现的时候，造势就是关键策略。如果意识到人们一般不会热衷你的计划，你也没有表明项目有十足把握的声势，那么你需要制造一种氛围让他人感受到巨大利益。然后他们会为此兴奋不已，这会让人们最终接纳你的观点，为他们之前忽视的项目加一把力。你也知道“只要做，就成功”，在这里变成了“只要振臂一呼就有人响应，然后就会成功”。

前辈有一个日本朋友，职业生涯早期在日本大学体制中异常艰难地求取成功。日本授予博士学位的时间相对很晚，你往往需要等别人退休才能得到一份稳定工作。就像在美国，对优等生的主要考核是专业研究成果的出版数量，但是精致成品的日本出版物的生产成本如此高昂，以至于每本书售价几百美元。这位年轻的日本教授决定为自己造声势，给几百个日本和海外同事免费寄书，以此推动职业生涯。这意味着一笔将近十万美元的投资（或贷款），但是为了获得声誉和提高地位的长期回报，陷入债务最终是值得的。

另外一个例子是，前辈提了一个大家都喜欢的倡议。可是没人提供实施倡议所需的资源，以及给予实质性支持。不管不顾和不了了之本来是一个很容易的选择，可是他寄希望于表达过点滴兴趣和热情的所有人，然后和曾经说过这些话的每个人沟通。随着时间流逝，成功的希望渺茫。有一天一个不速之客造访前辈办公室，他的上司听说了前辈的项目，希望在火车出发前搭上这趟车。这足以启动项目，前辈最后也找到了必要资源。不向冷漠的现实以及明显无法改变的结构妥协，前辈就能树上开花，成就伟大变革。

大丈夫外交的第三点是克制你创造性发挥的一面。现实与务实的表达很重要，不要瞎编乱造。实事求是，不违背基本事实。确定你的解释不是你一个人做出的，而是考虑了所有其他可能的观点，不要让错误设想像野草一样冒出来成为假定“事实”，到头来让你丧失信誉。

有一个例子，前辈有一个口无遮拦、违背大丈夫规则的同事。这位先生无所不知，可就像我们大多数人一样，他也只不过是管中窥豹。他搞不清楚自己是知之还是不知。当他在懂的人面前滔滔不绝地说他一知半解的事情时就会暴露这一点。他应该留心哲学家海德格尔的警告，他在《什么被称为思考》一书中说，“思想家只想一件事”。

一个人因为想法太多不知道自己在说什么时，就会发出负面声音。诗人魏尔伦曾说过，有些想法像害虫。必须把害虫踩在脚下，有价值的想法才能生存并成为清晰的话语。切记谨言慎行，在一件事情上丧失信誉就会产生更大的影响。

步骤三　沉默战术（思考）

“大丈夫外交”的目的是用言说防止产生错觉，同时让自己的创新引起关注。但是就像所有符号那样，语言终归带有欺骗性。禅谚说，“画饼不能充饥”。你可以描绘一幅美丽画面，或者把香喷喷的饼干讲得绘声绘色，用来装点台面和鼓动他人，可如果真的咬一口呢？一幅画也许胜过万语千言。但是如果不能对应现实，一千幅画也没有用。

没有现实基础，巧言令色也会变得苍白无力。谈吐得当会让人对你的建议产生好感，但是不一定带来预期的结构改变。没有什么比豪言壮语沦落成喋喋不休、自相矛盾或前言不搭后语更可悲的了。

我以前的上司被很多人称为“南方绅士”。他总是衣着得体、谈吐优雅。他喜欢说自己“能把黑的说成白的”。可我从没见他白到那里去。话谁都会说，就像德山在公案开头声称“我赢了”，我们可以真切地看到他的失败。德山后来意识到行胜于言，行动比空想有用。话该说就说，可是有时候，除非你也该做就做，否则毫无意义。

采访日本禅宗代表人物的一名评论家，一直听他们谈论某人是否已证道或涅磐。他开始思考这种状态和普通没有开悟状态的区别，如何说得清楚呢?

当他坐在东京开往京都的子弹头列车上，越过远方白雪皑皑的富士山峰，穿过密密麻麻的都市和郊区，他反思“身处极乐世界”的含义。难道涅磐是一种随时可得的极乐状态？那开悟呢？或者说，也许开悟是瞬间突破，而涅磐是更持久的觉醒？当他思索自己是否处在极乐世界时，突然意识到“我不在极乐世界，我在火车上”。一直谈论极乐世界没有任何好处，你既没有得到过也就从不曾失去。争论它的含义恰好说明我们还没有到达。

“大丈夫外交”的另一个局限就是你势必有确信自己真理在握的时候，因为你把谈话内容或那些熟悉你观点，别有用心声援你的人在心里过了个遍。但是当你和相关各方讨论时，你的有力论据烟消云散。说得太多会暴露弱点或易受攻击的软肋，造成一种脆弱的印象，这也是同样的问题。是时候退后一步重新审时度势了。

同样的，造势本身不足以实现有效变革。语言文字毕竟是载物的容器，它们必须配备或辅以其他方法和手段使得因缘具足。吉人自有天相的态度便是认知到言说的局限，回归静观其变的韬光养晦。当语言交流的效用捉襟见肘时，拥抱沉默之道吧，它是一种无需借助语言拐杖的思考形式。有时候，以柔克刚更有效。

迷途知返

置身冲突，即身处十字路口。你发现所有能说的都说了，继续说下去只会适得其反。再怎么给赫克托尔发邮件也没有用时，你内心深处知道又一次的造势只会昙花一现，走进死胡同的感觉促使你往前探索其他道路。

在走下一步前穷尽上一步的所有可能，这个前进的原则对步骤二到步骤三、言说到沉默之间的转换尤为重要。“火宅”寓言中的父亲为了避免灾难，对孩子们大声喊出他也许无法兑现的承诺，禅宗批判其虚假的希望和幻觉容易成为一种依赖。言说在某些情况下给人必要的喘息，相反的沉默却是迫使对方更加自力与自控的工具。

言说或沉默看似对立，实则紧密相连。沉默不是言说的颠覆而是其延伸。步骤二当中，言说尝试在当下求变创新。当话语变得不重要时，不动心选择一言不发。从言说到沉默、现在到未来、行动到期望，武士的自发行动力转化为隐士平等中立的包容姿态。

在你判断挑战大小，考虑补救措施时，沉默有助于争取时间。在言说的间隙，你可以判断沟通有误的原因。只要没有显得不合作或对抗，你就可以一直等到作出决断为止。沉默还提供了一个积累知识和建构事业根基的契机。

禅宗著作经常引用孙子兵法的“调虎离山”计。不要试图进入对手的势力范围。保持沉默，你会迫使他们离开巢穴步入旷野，走到一个不论身份和头衔的公平赛场上。

有时候坚持是最明智的选择。我每天上班都要开车经过一个复杂的岔口。我必须穿过挤在高速路入口的两排车，而出口离入口只有15公里。交通高峰时不等对面亮红灯就从外道超车是一种自然冲动。因为有人等不及，几乎每个礼拜都有大大小小的车祸。我不得不打起精神，克制不耐烦或对后面车的喇叭声条件反射。这就是一个保持视野平衡和全面的例子。

步骤三当中“基于自控的等待”与步骤一总结强调外部机制的“坐等组织渠道运转”法有本质区别。这是因为沉默不仅仅就是不说话，就像顺从不代表消极。机缘的第三步，以退步原来是向前的悖论为基础。不动心做的多，说的少。正如老子在《道德经》无为篇中所说："为无为，事无事。"隐晦、含混或自相矛盾的表达没有内涵，一句金口玉言或狮身人面像却给人以想象空间。另一位道家哲人说："意以象尽，得意而忘象。象以言著，得象而忘言。"

言说的灵感来自思想，然而说得再多也无法表达所有的思考与感受。但是即便不说话，其他形式的沟通依然在进行。例如手势或手语以及借助动作或其他行为的无声交流。我们不由自主地透过姿势或身体语言表露态度。作曲家约翰·凯奇说，没有真正的无声这种东西，因为你总能听到自己的心跳或加热器的嗡嗡声和闹钟的滴答声。无言之声不绝于耳。

身体语言比言说更有效的例子可以在约翰·肯尼迪身上见到，这表现在他1960年与理查德·尼克松的首次总统候选电视演说中。收音机听众认为尼克松略胜一筹，但是电视机观众绝大多数确定肯尼迪赢了。相比对手紧张、苍白的面容，肯尼迪显得超级自信。任何质疑或批评都不能动摇他的镇定。那是四场辩论的第一场，当所有人都牢记第一场结果时，第一印象形成后就再没有人记得后面三场的内容了。

类似情景出现在电影《江湖浪子》中，杰

基·格雷森扮演的明尼苏达胖子击败了保罗·纽曼饰演的年轻气盛的台球高手。一开始纽曼把胖子打得落花流水。在他稍事休息，放松喝酒时，胖子把时间用在重整旗鼓上。胖子焕然一新，精神专注地上场，狠狠回击。尽管纽曼对他冷嘲热讽，他还是很快地收复失地并彻底击败疲惫的挑战者。

前辈曾期望两名下属主要协助某个项目。两人的日程都已经相当繁忙。他们能力相当，但是应对前辈的方式截然相反。一个保证随叫随到直到项目结束，然而最终留给前辈的时间少之又少，尽管前辈清楚他的动机不纯。另一个一言不发看似冷淡，结果却真的帮了很多忙。这就是行胜于言的例子。不过，有用还是没用，没有简单的二分法。第一个同事的口头确认是一种让人舒服的精神鼓励，时时萦绕前辈心头，至少第二个同事没有出现时如此。两个人都以自己的特定方式为前辈完成任务做出了贡献。

任何时候你都必须尽力辨别，沉默是无声未知的反映，还是即将完全苏醒的狮子怒吼，这时的沉默不语是等待爆发最大力量的时机来临。沉默有时会显得虚伪或狡诈，当你回避问题，逃避承诺或用“无话可说”惩罚某人时。低落的沉默则是情绪不佳的表现。

你总有拒绝或无法言说的时候，不是因为脑袋空空，而是因为想说的太多或是脑子里有个磁带重复循环一些不合适的话。例如，如果你紧张，朋友看你脸色不对问你怎么了，你很可能只会说："没事。"这意味着不是某一件事出问题那么简单，而是千头万绪无从说起。这种"没事"岂不是五味杂陈？就像一个笑话，女孩抱怨说她不喜欢瑞士奶酪，因为上面有很多小洞，她妈妈说，"把洞放盘里，吃奶酪就好"。

恰到好处的沉默比语言更有表达力，因为它们来自隐士的内在智慧。我曾见过伟大的布鲁斯吉他手比·比·金弹出美妙音符后突然停住，表演"空气吉他"[①]。从观众的反应来看，这一刻的无声表演石破天惊，让之前或之后的有声音符相形见拙。也许这就是为什么比尔·埃文斯说，约翰·克特兰的表演魔力远不止演奏乐器这回事。他的音乐直入人心，超越有声与无声的界限。

禅宗的"他心通"并不是读心或传送想法的超自然能力，而是一种在相互理解基础上的洞察力。佛经寓言说，佛在兜率天传法，那里的人悟性极高因此无需语言教化，四目相接、举手投足就足以传达教义。当佛降生人间，他知道世人不能安住佛法是因为执迷不悟与执着外物。他必须依信众的理解不断调整和运用言说或沉默，即便存在模糊或不一致的地方。就像禅宗诗人良宽说的那样："谁我诗谓诗，我诗是非诗，知我诗非诗，始可与言诗。"

① 空气吉他就是一些吉他爱好者跟随吉他乐曲，用夸张的动作配合强劲的音乐，在空气中虚拟弹奏吉他。

相对于感到束手无策和不知说些什么的情形，有选择的沉默让你保持灵活变通直到看清局势。必须悄无声息地与有助益的同事搭建桥梁、结成联盟或达成共识，以便所有言说和沉默的力量最大化。这实际上提升了大丈夫外交的效果，因为别人在你不在场时说的话比你自卖自夸更能推动事情。获得已有联盟网络支持的完整理念无往而不胜。位高权重的同事当你的拥护者好过你自己单打独斗。

真正的沉默对什么时候说，说什么和不说什么都了然于胸。前辈曾试图推销一个项目，客户要求在生产力数据这一点上提供报告。他提交了一份逐条详细的报告，说明他对客户的疑问做了充分准备。但即便整体一片大好，追究细节时却暴露出生产力下滑的微妙格局。客户原先的热情如同夏末残花上的露珠般消失殆尽，很快就不声不响地往后退。当客户被催促说明原因时，他建议前辈，展示美丽画面但不要透露有碍大好前景的具体细节。谈判的结构并非一成不变，它取决于那些说出口或没说出口的话。

权威的象征

当言说和沉默都无法改变现状或产生结构内有效变革时，怎么办？等级组织的最后一层庇护就是用权威象征（而不是废话）召唤力量宣誓主权。沩山提拂尘是一个动用权威象征的经典例子，起到了对后起之秀德山施展职权压力的效果。在另一个公案中，某一派禅宗大师手持拂尘对另一个门派的访客说，“你们那里可有这般物件”。然而，就像步骤二的言说，分析到最后，所有权威象征都被证明空有其表，权威者的尊严完全取决于拂尘使用者正直与否。

你计划在委员会议上提出一个开展重要项目的报告，很可能受到来自四面八方的挑战。也许来自那些对改革期待已久的人，他们觉得你的建议不够好，也许来自那些抵制任何离经叛道的人。双方一致的地方就是质疑你的角色以及挑战你的权威基础。你意识到自己的位置岌岌可危，这取决于你把这场不确定危机当作成长机会来处理，还是变成一次固执己见。当你拉一条橡皮筋，它会越拉越宽，然后断掉。

挑战代言人出现，在整个团队面前挥一挥你的报告说，“这不是新瓶装老酒嘛？”问题不在于他们手里的那份报告，而是谁真正握有权力，还有你能否不顾对方反对把话说清楚。事情到了这个阶段，你转向管理预算的委员会成员，询问有多少资金可用于这个项目。他刚才一直坐视不管，现在反驳你说，“如果一分没有呢？难道我们不能不用新资源完成你的提议吗？”你可以通过志愿承担额外的筹款责任尝试提议以外的办法，或者耸耸肩膀“再说吧”，嘎然而止。

理论上，这个耸肩并不是为了表示当下不在乎，而是还要再想一想，或是不说一些大家心知肚明无需挑明的话：如果委员会被个人地盘争夺战扯后腿，不能实现其目标的话，还会有更多任何人都不愿意看到的问题出现。在这个节骨眼上，你也许想抄起那份被嘲讽的文件，毕竟它是你的心血，或直接离开会议桌，藉此跳入反结构步骤。然而，在作出如此戏剧性和无礼的姿态前需要预备一个基础步骤，所以你有备而来，从公文包里掏出一份更新、更全面的完整版报告，上面有支持和反对争议所需的全部事实和数据，让所有人大跌眼镜。

关键时刻，这个权威符号发挥了黄色信号灯一样的功能，让所有与会者步调放慢。这个暂停动作具有改变会场能量流动的动态效果。然而，只有当这个符号或反符号促进对话或引向互惠互利的结果时，它才是有用与富有成效的。如果反对派发言人利器在手（哪怕只是为了破坏你所制造的符号），而你也不甘示弱，那么剩下的就只有来回挥舞空洞符号的针锋相对。

这种交流就是不顾基本事实和不解决问题的两套废话。权力符号的限制表明权威工具的无用，随之而来的是所有结构根基中的空洞。认识到这一点，你就会跳入第四步反结构领域追求真正的权力。

通常有些东西应当比实际发挥更大力量，因而成为有意义的权威象征，结果却只是一件三维物体。哲学家克尔凯郭尔讲过一个男人的故事，一个悲痛欲绝和伤心绝望的男子，半夜在街上游荡，然后高兴地发现一家标着“哲学终结地”的店。他朝入口走去，在黑暗中看到这不过是一家贩卖招牌的铺子。这就是一个教训，有时候你用来沟通的工具原来只是一件毫无意义的东西。

前辈曾经管理过一个重要部门的低效团队。它的生产力实际上是个位数，所以他努力在六个月内让数字翻了一番。他的直接主管对团队成绩感到骄傲。然后，他们发现当他们报告的数字是17时，办公室记录减到只有12。据说副总裁办公室拥有一套更严格的会计办法。可是当前辈用这套办法重新计算时，他仍然可以得出看似令人印象深刻的数字15。

前辈准备了一份花里胡哨的漂亮文件，然后上楼约见副总裁。他和他的主管正要开始报告，副总裁领先一步让他们措手不及地说：“不管你的数字是17、12或15，都没有太大关系，因为我们只关注那些有潜力达到50的团队。”所以，设计好的漂亮报告在被遗弃和丢弃的世界里是另一个可有可无的符号。贝比卢斯原本可以在打出全垒打的那天如他所愿地伸手指，可是如果他没有在棒球死点直接击出全垒打的话，伸手指就是一种蔑视。

前辈本可以准备得更好，可以在行动力和现有成就的基础上发表高见，把数字扔一边，一笔勾销。就像电影《旭日东升》中，警探同事史恩·康纳莱一直在教后辈如何在凶杀调查中和日本人打交道，影星韦斯利·斯奈普斯却沮丧地对他说：“前辈还是苹果派，随便你叫什么！”

第八章

从无到有

步骤四　步入反结构境界（了解）

步骤三的沉默，目的是在发表某种观点前理智地反省各种情绪化反应。沉默有助于包容情绪，让怒火缓慢燃烧直至发现真相和假象。尖锐化矛盾会让立场突显，让你决定是否需要做出更强硬的回应。但是如果无法停止的野心与无法撼动的拂尘正面交锋时会如何？

逻辑为情感提供制约和平衡，但是理智本身自有缺陷，当理性落入窠臼时有必要转向直觉。一旦言说和沉默以及权威象征竭尽全力也无法成功时，这时候只能使出最后一招反结构，展现禅宗经典的自性、乖张和矛盾。反结构不依赖言说却也不只是保持沉默。把等级惯例和组织流程抛在一边并不意味着蔑视或不敬，而是把以前的“想好了再说”变成“唤醒不动心再想或说更有效。”

当前辈应邀做“一字禅”——禅宗精华的经典一字，他会说“跳”。这个字援引自某个公案，用来回答“百尺竿头如何进步”的问题。有一次他被要求进一步解释，于是他说“不跳”。前辈是任性妄为抑或只是诙谐一把？让人担心的是，说不定他开始模仿三岛由纪夫描述的那些无用禅师：“当然，有一种法师是会一手遮天的，但是如此小心翼翼斟酌应对的人，只能说明另一种截然不同的含义。”

前辈的拐弯抹角意味着到了一个说太多或视而不见都不能解决问题的时候，或是常规方法已经黔驴技穷而任何替代方案却都冒着亲者痛仇者快的风险。这时候，你必须瞬间决定是跳还是不跳。你无法提前决定那个选择更好，因为具体情况各有利弊，但是你的选择决定了得与失的天壤之别。

从结构到反结构的跳跃是解决难题的一门技艺，必需谨慎施展这门功夫。只有在你树立权威或应对挑战时谨守公正原则，反结构的言行才会有效。如果有根有据而且明白无误地在求新求变前穷尽所有可能，出格举动才有用。这其中不被允许的动机包含诋毁他人、寻求个人声誉的因素而不是以团队合作和个人牺牲为优先。

反结构有几个至关重要的要素。首先，四个步骤间存在辩证关系。每个步骤都有解决问题的能力，但是如果某个步骤无能为力并最终自行崩溃时，标志着问题埋得更深，要走向下一个步骤。每一步都是前一步的纠正，同时也暴露出不足或缺陷，成为下一步需要补救的原因。

一旦你认识到困难或障碍是痛苦的来源，有必要先通过程序改变现状。从回到问题根源开始，站在制高点上开启补救的过程，不跳过任何一个阶段。小心不要无序地跳过步骤和忽略次序——例如，在言说前保持沉默，或者在运用结构前先尝试反结构——因为这会深化而非缓解实质困难。除非有必要或你已做好准备，否则不要尝试通过推进新步骤奋力向前，但也不要在它变成死局后仍然停滞不前。

第二要素体现在德山重返法堂的行动中，即面对面完成机缘的必要。我记得我有辆车总出故障，然后打电话给修车的朋友问了无数问题，但我总是表现得好像很忙没法开车去他那里，这样做的部分原因是为了享受免费的修车咨询。他终于沮丧地问我“你生病的时候，是和医生在电话里说个没完呢，还是去他的诊所？”

前辈曾经有一个躲着他的学生。在以前的项目中，她的出色工作赢得前辈赞赏，但是他对她近期表现有些失望。当她看到前辈试图晋升一个经验较少的同事时，这个学生希望这件事人尽皆知。然而，她向所有人抱怨，唯独除了前辈。他在某种程度上理解，她觉得自己没有坚持获得提拔，所以声称受到不公平待遇。如果她出现在他的办公室和他面对面，他会非常高兴地解释说，她最近的工作已远非高效可言。她知道自己没有准备好迎接这个机缘。不想听前辈解释的这一想法让她后悔，驱使她回到前辈面前，然后共同深入讨论如何不计回报地提高生产力。最终她的新成果名声大噪，升职申请也获得了批准。

反结构的第三个要素是，禅宗大师们的直觉通常在始料未及的举动中得到表达，好比说相同情况不同对待或不同情况相同对待。有时候这被称为角色互换，例如弟子攻击或掌掴他们的师父。其他技巧包括荒诞幽默、自相矛盾和不合理的推理，以及非语言或示范性的动作，类似跳树桩、砍手指、烧经文或扔佛像。这些方法并非表现古怪本身，而是用来产生奇特的心灵效应，所以当预期结果实现时就应该尽快抛弃它们。

在一些公案中，大师对同样举动做出矛盾或千变万化的回应，例如，对同一个问题回答不同的“是，不是，或也许”。有时候又正好相反，就像赵州禅师对所有问题的回答都是“吃茶去”。当他被问到为何总是给出一样的指引时，赵州禅师笑着说：“吃茶去”。

无处不在的反结构

禅宗大师不断表现出来的幽默和讽刺，如果不是用于挖苦或贬低的话，可以让你的潜在对手和敌人丢盔弃甲，向你妥协或让你畅所欲言。一个非禅宗的当代例子是，不适应政治场合的法官格里芬·贝尔在卡特执政时期被意外地任命为司法部长。当FBI逐渐被严密监视以及被抨击过于政治性时，他还只是个局外者，后来FBI才处在他的管辖范围内。这位新上任法官在新闻发布会上被记者狂轰乱炸："他是否为司法部士气低落而沮丧，或对自己权威之大感到印象深刻？他是否了解任何表明FBI成员在前执政期间被镇压的证据？联邦政府是否如外界传言那样被控诉压制人权？"这位司法部提名人站在那儿，平静地说，"沮丧？印象深刻？镇压？压制？不如说，我现在被压着"。当然，这句俏皮话说明他并不会被这些历史遗留问题击垮（尽管后来他很快因为其他原因被赶下台，再次证明，话不值钱，行胜于言）。

前辈和几名中年、中层经理的一次会面是另一个即时幽默的例子。事情变得相当紧张，空气中弥漫着前辈固执、不可救药的意味。另一方面，前辈自信满满地坚持原则，时机一到，他就会表明自己愿意妥协。不过，他那天也许太努力想要得出一个清楚的解决方案，这也是他上司期望的。尽管退休很久了，一名长辈仍津津有味地参与讨论。有人说她真了不起，"她已经八十了，却没有一天看上去像五十岁那样"。前辈回了一句："我们都五十了，却没有一天看上去不像八十岁那样。"这句出格的话也许会让某些人沮丧，不过事实证明这是恰到好处的破冰之举。把注意力吸引到正在讨论的事情上，然后重启对话，向着富有成效的结论继续前进。

有一次朋友对前辈说，主管们对她的项目兴致勃勃，却从没有兑现过承诺的支持。她不确定他们仅仅是缺乏资源还是在竭尽欺瞒之能事。她怎样才能确定他们真的像承诺的那样支持她？在一次商讨会上，主管们再一次承诺额外支持，但是在她分析相关利弊时，似乎不值得额外投入。然后他们想到也许可以拆东墙补西墙。

前辈的朋友一直在想，他们是真心还是假意？她说，“这是你们第一次说到拆东墙补西墙。”他们说，“我们一直在讨论啊”，她告诉他们，“也许这是我第一次听到”。公开谈论心照不宣的事可以让所有人松一口气，然后那天钱袋子打开到足以让她心满意足地离开会议室。

在一个电视审判秀节目上，年轻的彼得·福克扮演的非正统律师走进法庭，他的同行看着他的古怪行为，想不通他那些标新立异、不同寻常却异常有效的法律咨询怎么来的。他会威胁到专业律师吗？福克的角色当然是蓬头垢面，敞着衣领，系着一条艳俗的领带。当他听到问询负责人开玩笑地说，“我喜欢你的领带”，福克马上脱下领带卷成一团抛到会议桌上，“你喜欢？拿着，它是你的了”。你是拿还是不拿呢？

图穷匕现

不动心清醒客观地看待事情的本来面目，优先处理最有成效的事务，借此应对分分合合与意外状况。职场新动向是哪里有问题哪里就有行动和进步的机会。如果你帮忙解决他人制造的麻烦，就能以备不时之需，在你采取大胆的、反结构式的“围魏救赵”时派上用场。

前辈培训新人指点他们这一招的第一阶段就是以“提升”为基础。他讲解了如何抽离不和谐的世界与放下输赢、生死的想法，同时借助大无畏精神，放下自我并超越自我。因为你表明自己愿意接纳失败与死亡，所以对手会解除武装，你会得到期望的胜利和生活。

前辈会指派一到两个学员在没有商量的、“总是要求最好”的顾问委员会面前做要命的提案，以检验他的指导成果。这个提案将决定关系整个团队进步的项目的命运。前辈这个略有争议的决定，是一个让他最重要的学生成为焦点的机会。她几个月来一直在协助前辈准备报告，比他还了解材料内容。她急于证明自己，但我们都知道这是致命隐患。把她推向前似乎有些问题，不过为了更好实现结果而提高挑战难度正是前辈的计划。

这名学生在加入小组前受过量化数据统计分析方法的训练。她在细节分析方面表现出色，正好和一名位高权重的委员所偏好的人本主义方法大不相同。这位委员觉得数字永远无法解释全部，而且一有机会就滔滔不绝地教导质量优于数量的重要。这两种解释方法都涉及本领域广泛采访所采集的数据。一旦把这些原始数据拿回来进行分析，可以用两种方法得出相同解释。统计方法偏好电子表格生成的数学模型，人本主义方法则突出以人为本的事迹。

在分析的关键时刻，两种方法的结果可能会部分不同或导致相反结论。前辈擅长弥合这种差距，从脑海中调出一些奇闻轶事让数字变得有血有肉，然后协调各自的结论。他知道如何找到共同点，如何让两只翅膀比翼双飞。

对他的学生来说，她的挑战是避免困在数字运算和概念的传统两分法中。她很容易在疲劳询问下惊慌失措，特别是不怀好意的问题蜂拥而至时。迫于不走寻常路的压力，她很可能忍不住说太多话，然而言多必失。有人担心，当团队努力付之东流时其他队员将不得不坐视不管。

提案的人必需顺利回答问题，不让方法论差异成为阿喀琉斯之踵。因为方法论的争论会大行其道，掩盖报告内容的内在力量。前辈自己经验丰富，对两种方法都得心应手。我们完全可以期望他最后回过神来驾驭全局。这场提案有太多风险了，抵挡委员们的质疑和避免彻底失败的唯一办法就是让前辈上场，可这就不是一个“围魏救赵”的典范了。

临上阵前，前辈召开一次私下会议，再次保证他对她的能力完全有信心，这让她精神大振。他让她做好准备，期待着当阳光照耀时把所有计划扔出窗外，在一个无所不容的时刻与委员们相见。前辈解释说，不动心既积极阐述变革愿景，也服从开放式决策的需要。隐士道让你安于免受攻击，不在乎任何不公平或毫无根据的批判，因此你可以淡然远离冲突。无欲则刚，漠不关心不是普通怀疑，不是出于疲惫、衰竭而放弃，不是因为绝望或无法补救感到士气低落。它意味着放下坏习惯，启动一种新的本能。

一个爵士乐指挥家告诉他的乐手们，把乐谱研究到了解每一个前前后后的音符为止，然后“忘掉谱本开始演奏！”前辈的学生需要把分心害怕和膨胀的希望扔到一边，让不动心作为思考和言说的整体在新形式的即兴中自由发挥。关键时刻她会自由地“奏响自己的乐章”。但是等待这一刻到来前她不得不练就超常耐心。

展开卷轴或铺平被子是一种练习，融合博采众长的隐士之见与该出手时就出手的武士之力。假设你有一幅卷起来的卷轴或一床被扔到壁橱角落的被子。如果你想从头到尾看一遍卷轴，通常读卷轴只能每次看到一部分，你不得不采取特别的、稍显笨重或辛苦的步骤，把它全部展开以窥全貌。如果你打开一部分卷轴就只能看到一部分，看不到前后的内容。乱蓬蓬的被子看起来很小，但是当你展开卷轴或者铺平被子时，所有东西一览无遗，你可以在任何时候解读或运用每一处细节。

前辈的学生需要读取恰如其分展开的卷轴隐喻，以便自始至终窥见全局。她会做好准备，尽力不对提问者的刺探反应过度，这将是需要展开的卷轴一角。前辈指导她，让委员们各尽其才各施所长，必要的时候，而且也只有这时候，他才会扭转乾坤挽救大局。但是首先他必需表现出超然或淡漠，就像他只是一个坐在场边的旁观者，从而提升他的客观度和清晰立场。成功与否就看那个学生如何在白热化阶段保持风度和平衡，肯定会有这么一刻。这会让他识别提问者策略中的缺陷，然后判断加入战局的合适时机。

泽庵宗彭道出了回归日常事务时的禅法运用，“心何所住？心若置彼身，则为彼身所取；若置彼剑，则为彼剑所取；若置我剑，则为我剑所取...故无有一处，是心所住，此为修行之要。”心念不迟滞，不动心即可把握下一步行动的先机而随机应对。

一说到透过看见可能发生的事预知未来，有人寻找电光火石的开悟，而有人则算卦或解梦。禅说，此心即缘。我记得有一次和一些朋友坐在公园，我们圈子里的另一个朋友路过，慢腾腾地，很刻意地步行，先迈一步再迈一步。我们喊他过来一起聊天，他摇摇头说：“不行，我赶时间”。当这个世界常常施压加力让你“急切地浪费时间”时，禅告诉我们“迅速出击，然后耐心等待（或者相反）”。

禅心直觉地回顾过去以展望未来。强烈的预感让你觉得每一步都必有其终点或截点。因为禅心自性让你觉察到过程如何影响结果，所以你能够在汲取教训的基础上不断重新思考和调整计划。你一边盯着闹钟一边玩这个游戏，盘算当前策略对尚未到来的最终时刻的影响，以及已做或未做的事究竟结果如何。有时候你会扮成乌龟实行有条不紊的计划，有时候你心中的兔子又会一时兴起蹦出来。无论那种方式，只有做了才知道不做会如何。

你同时还有后发制人的机会。银光沙利文，历史上最为人们热爱的赛马之一，它在1958年赢了数场比赛，包括圣塔安妮塔德比之战。起先它好像落在马群后面一样让对手们领先一大截，距离其他马匹有30个马位那么远。然后，准备就绪后，他就开始猛地往前冲，在终点线取得胜利。那天，这匹马既取得了胜利也赛出了禅意。（出于充分披露的利益，我必须承认，在最最重要的肯塔基德比赛中银光的这一招失败了。当年德比赛的电视覆盖是裂像画面，万众喜爱的银光沙利文闪过屏幕一角，因为它甚至离摄像机远到在同一个马群镜头中都拍不到。在那场比赛中，他没能出现在距离胜利者黑檀

20个马位的地方。这也是一个禅的告诫，你不能指望一招鲜吃遍天。）

前辈准备让她的学生在恰当时刻后发制人，时机就是一切。他告诉她，到时候质疑者会贬低统计方法，还会通过一系列试探性问题诱导她得出某种让她很不自在的观点。这会让她无路可退，还很可能毁掉整个项目。

他建议这名学生保持最大的克制和忍耐，受到挑战时不要把它当成个人的事。做出回应的前提是应该明白，当尘埃落定，以自我为中心的方法露出软肋时，占上风的将是最真诚的建设性事项。她应该抵挡住质疑者把她逼入死角的攻势，但是不要拒不开口，显得毫无准备或反应过度，然后说出一些也许是致命错误的话。前辈让她确信，她保持镇定就能为他争取时间弄清楚如何最好地应对与卸除委员们的武装。

事情的进展不出意料。对手毫不动摇地沿着逻辑之路，集中发动询问。学生变得有些无所适从，开始失去平衡。当过于自信的对手问了一个多余的问题时，前辈的机会来了，对手提问："为什么你的模式从不涉及真实人的实际问题？"前辈于是插进来说，"我一直沿着您的推理思路，然后在想，您是更关心真实人的实际问题，还是在争论研究他们的方法？"然后，前辈简洁有力地说明了他学生的数据是如何圆满解决了委员们提出的所有问题。搞定！新办公室和你可能需要的津贴都有了。电影《各怀鬼胎》里的雷基·杰伊要是知道这件事也许就会说：“我的前辈酷毙了，羊儿睡不着就数他。”

前辈的雄才大略让人联想到威利·史塔吉尔的精明强干，这个明星击球手带领匹兹堡海盗队赢得了1979年一系列的世界冠军。史塔吉尔是个大个子，他们常说棒球棍在他手里就像一根牙签。在棒球锦标赛高潮的关键击球时，解说员就会说，“史塔吉尔在挥着他的牙签”。如果解说员说一次那还不是什么大事，但是解说员重复两三次时，你就知道这将会是一次本垒打比赛。史塔吉尔正盯着飞过来的球！

想一想为什么棒球棍到了威利·史塔吉尔手里就变成了牙签？击球手手中这根木棍的大小或形状从未发生改变，是史塔吉尔的举止风度在变化，随着比赛传递出一种新的力量和威信。看上去像挥舞牙签是因为棒球棍已成为他双手可以完全掌控的工具。他是棒球棍工具的主人，而不是相反。当他打出本垒打时，像任何击球手一样，他会扔掉这个工具然后跑垒。

根据古老传说，禅宗起源于世尊释迦牟尼的拈花微笑不立文字。众人中唯迦叶尊者了悟佛陀之意，获世尊付嘱流传后世的正法眼藏。迦叶尊者在与世尊的相视一笑中了悟了什么？很多解释都将沉默视作关键，其他人则强调拈花的动作。

禅宗的“拈”字表示大师在脑海中思来想去、费尽思量地参公案。每种解释都加以仔细考虑，却不执着或坚持某一种观点，留给阅读公案的人或弟子们取舍。然而，公案文集往往不全盘托出，而是记录大师们主要的、戏剧性的、谜一样的话语。这加深了禅语的神秘感。重点是你对公案运用自如，而不是公案让你团团转。

禅修也遵循同样的规则。就EPA过程来说，隐士道和武士道帮助我们培养自控、自信与合作的态度。任务一旦完成，放下实现目标的手段很重要。你用菜单点菜，用餐时就把菜单放一边。抓到鱼就放下鱼网，灯一亮，就不用想着开关。经云“心迷法华转，心悟转法华”，或如庄子所说“言者所以在意，得意而忘言，吾安得忘言之人与之哉。”

团队整体作战

白领禅可以归结为两种力量的合体。与披头禅相伴而来的是一种独一无二的力量，或是所有你能发挥的表达你个人才华的独特创意，即便看起来古怪或反常。世间没有两朵相同的雪花。

第二种与方形禅有关，即团结的力量。鼓舞人心的团队精神激发出同事们的才华，否则他们不是继续不合作就是陷入平庸。机缘和合所需的不仅仅是个人努力。菲尔·杰克逊的《公牛王朝：篮球艺术与精神境界》一书讲述了他如何以独特的“整体作战”将禅运用到职业篮球中，他称之为“篮球禅”或“五人太极”。一直被媒体尊称为“禅师”的杰克逊，体育史上最成功的教练之一，曾在职业生涯顶峰执教过超级大明星迈克尔·乔丹。篮球解说员常说乔丹是“横空出世控制全场”。他一开始在球场另一边离球很远，然后突然地，几乎神不知鬼不觉地，打出至关重要的传球、得分或扣篮逆转全局。

杰克逊运用禅形成了发挥所有球员最佳能力，让篮球全场运转的战术。基于动态的、相互的进攻和防守策略的团队合作，将球队引向成功。他的方法让他的球员打得对手毫无准备、措手不及，在常规的一对一或区域防守中都能制胜。杰克逊有乔丹在手，不借助禅也能赢得总冠军。但是乔丹的主导很容易遮盖队友的才华。看着不动心之下的战术如何为这个超级巨星打造舞台是一桩赏心悦目的事，从中可以看他如何在整合队友力量的同时展示非凡的掌控力。

整体作战是一个综合的、整合的方法，更看重合作和相互关系而非个人主义，意味着在每个阶段每个层次发挥你所有的才智和技能，一直不动声色地运筹帷幄。所有参与者都能以最佳表现应付自如。整体作战和比较常见的“全场盯人”不同，后者是对手在后场带球时的防御战术。这个让人吃力和疲劳的策略能有效抑制对方攻势，不过却是留到只有绝望时才会用上的最后一招。

在整体作战中有两个层次的机缘。首先，在团队内部——在乔丹和队友间——大明星乔丹如同助人的佛，平常表现平庸的队友被他带出了最好的一面。如隐士一般的五名队员拥有各自的潜力和局限，伴随着行动的勇气他们找到了一种新的平衡与自信。比尔·沃顿，20世纪70年代杰出的篮球运动员，是一个单枪匹马带领黑马波特兰开拓者队赢得总冠军的超级巨星。开拓者队成功的关键是沃顿的全然无私，“我们的，不是我的”团队合作。当我们问及沃顿为何取得如此成就时，一名评论员说，“沃顿的比赛没有平庸，哪怕一个动作；他成就了伟大的队友，提升了球员素质，否则他们很可能一路平庸下去”。

第二个层次的机缘发生在两个球队间。杰克逊的战略让对手毫无招架能力。如果对手多人防守乔丹，他会自动退回来协助队员。如果他们一对一防守，不论对方高矮快慢，他都能利用防守的弱点。这两种情况下，乔丹和团队都有效地发挥了整体概念的优势，个人才华与团队合作互为补充与相互促进。早期的职业橄榄球赛中，伟大的四分卫萨米·鲍格曾说过，如果他的球队对传球手保护得当的话，他可以像“穿着燕尾服”那样玩球。就像庄子说的，庖丁解牛，游刃有余。

论语的一则故事说明了通过结合两种力量成就

自我与他人的这一过程：一人偷了邻居的羊，他的大儿子知道后协助父亲坦白罪行。现代一个类似的情形是，主管忽略了重要项目报告的收尾，一直收集和整理数据的下属察觉了这个疏忽。这让下属左右为难，犯错的那个人是主管，而他自己一直做得很好。你如何让主管认识错误并立即改正？如果下属向组织机构中更高职位的人打报告，那就违背了基本制度，但是什么都不做也会导致包括他自己在内的整个团队分崩离析。

还有另外两个选择，一个是偷偷告诉某个更资深的人物，他能对主管施加压力，但是一定不要看起来好像在主管背后搞小动作。另一个选择是下属自己完成报告，从而给主管树立一个可以借鉴的榜样。这样做的挑战是，要以抬高而不是羞辱主管的方式进行。

藉由采取第二种选择（只有在穷尽机缘四个步骤后），下属突破了可怕的无形的等级地位和阶层藩篱。这样做既没有违背原则，也提升了组织结构的目标。真正的伟大自有其影响，无需谈论或宣扬个人声誉。

为了劝人向上，你自己先要向上，为他人指路。正如孔子所说，树立美德是一个相互的过程：“夫仁者，已欲立而立人，已欲达而达人，能近取譬，可谓仁之方也已”。在一个相互依存，相互作用的世界中成为典范，树立超越所有美德的精神

“权威”，而不是一种威吓或胁迫的专制态度。道家经典说，邪人行正道，正道悉归邪；正人行邪道，邪道悉归正。

每个人都有天生成为领袖者的潜力，但是要在体制内上升到权威地位，你需要获得那些在更高位阶上展现领袖品质的人的支持。无论是谁拥有杰出成就的声誉，只要判断健全、有理有据、人格完整，说话都会有分量。如果你没有站在一个领袖的位置上，最好确认和激发那些会在背后为你说话的人支持你，以一种比任何自荐都有分量的方式。孔子曰，“为政以德，譬如北辰，居其所而众星共之”。真正的领袖是第一个批评和摒弃不足的人，第一个对超越自己的下属给予钦佩和赞扬的人，“该收就收，该放就放，当软则软，当硬则硬”。

机缘和合或看山还是山的时候，禅宗大师们说：“太阳东升西落；公鸡破晓鸣啼；闰年四年一遭”。另一句禅语说，“柳绿花红”[①]，寓意唤起那一份自然美景的宁静，免于偏见或成见，去感知世间万象的安宁。

迷悟不可分

机缘和合拥有不断更新与持久的影响，将困在冲突中的人变成可靠盟友或中坚力量。前辈从没说过机缘可以解决所有问题，而是承认此方法不能给出所有答案。他懂得鲍勃·迪伦的歌词“失败是成

① 宋·释普济《五灯会元·酒仙遇仙禅师》，“秋至山寒水冷，春来柳绿花红。一点动随万变，江村烟雨蒙蒙。”

功之母”的含义。有成功时刻就有失败瞬间。获得巨大成就后，你会期待相应回报，但回报将是有限的，因为没有永远的胜利，挑战无时不在。他也知道反之亦然，如果你无法看透暂时的起起落落，从中吸取教训为将来努力，那么“成功就是失败”。

前辈有一次和某个机构签了一份重大合约，觉得自己应该拥有一个新办公室。办公大厦另一边是落地窗，还有美丽的水景。前辈把座落在那里的办公室叫做“玻璃房”。这个词不是他的独创，不过他的贡献是不止把玻璃房比作大手笔投入后回报的漂亮房子，它意味着一整套投入在你创意上的津贴和资源，包括人员、预算、设备等等。它不仅意味着地位和声望，还包括对实现其他目标至关重要的具体所得。

前辈的要求遭遇到主管的巨大沉默，他没有说可以，不可以或可能。时间一久体制就会不留情面，他处在一个需要作出成绩的阶段，与此同时手头上还是签合同前那些有限的资源，这可以让他活见鬼了。前辈被困住了，他搞不清楚沉默到底是更高管理层的反对，还是某个人不情愿，这是一个和他在不相干会议上打招呼时完全不置可否的人。这种情况下是不是没消息就是最好的消息？或者他的请求成了一时解决不了的难题？也许这件事还没有提交给管理层？又或者只是请求被拒绝或不在考虑范围内，但没人敢告诉他而已。

前辈看似处在高峰，却让人想起德山公案的辛辣评注，“孤峰顶上草里坐”。正在解决一个问题的时候，另一个问题的种子落地生根，然后荒草丛生。在写下证悟体验时，道元禅师说，“花依爱惜落，草逐嫌弃生”[①]。

没人能猜到路上的所有分岔，禅宗同意尼采说的，无知或自大的我们是“人性的，太人性的”。即便如开悟般了悟明白，仍然有局限或约束，“佛也需执锡杖”。如果佛的锡杖在右，你在他前面、左边或后面听到声音，你很容易就能看出那是谁，尽管可能需要稍稍转身或伸直上身。但是如果你在佛的右边，就会一直有一个挡住视线的盲点，除非你完全移动位置，挪动或拿走锡杖。

不论你四周的视野再怎么宽阔，依然逃不出阻碍定律。总有看不到的角度，没听到的故事，或穿不过针眼的线。每个方法都有它的缺憾，总有无法掌握的技艺，没有发挥的潜能，或是失望的某人。前辈现在面对的沉默，就像当年他还是年青学者的那场竞争一样神秘莫测，隐藏在佛祖锡杖另一边的某个地方。

道元禅师还说，迷悟不可分。对形色的完全了悟或是对每个感受的醒悟都不是全知全能的，“证一方时，另一方立即转为暗。”[②]你仍然受制于人类知识的限制，如同形成天然屏障的地平线一般。

① 道元禅师，《正法眼藏》，现成公案一章。
② 道元禅师，《正法眼藏》，现成公案一章 。

没有这一道见惯不怪的地平线，我们就会看不见。小说《消失的地平线》中的香格里拉，地平线“消失”不见了，因为你一刻不停歇地试图超越它。

我们的目标是尽可能多方面或多角度地了解。然而，禅宗认知到，那个众所周知的锡杖任何时候都可能挡住你部分视线。在小说《金阁寺》中，主人公沟口有两个来自不同生活圈的密友。一个可靠和忠诚，另一个不那么值得信赖但不得不仰其鼻息。在沟口心里，他们是不同的世界，而且“永远合不到一块”。但是有一天他不安地发现，两个人背地里居然有不可告人的长期亲密关系。

发现真相后，是二选一还是两个都抛弃？举锡杖例子的寓意是，不要让你自己不知不觉地两极分化；保持对外在行为样式的忽略，不论出于自私还是自主，它们都会随环境和看法改变。执着于标签将无法看清狐狸与佛之间的转化和改变，有些人某种情况下看似骗人，却在另一种情况下助人。你一旦囿于成见，就会丧失灵活变通。日语的“柔”字，意思包含从几近于谄媚的顺从到一种生动的灵活。它和日语的“柔道”字根相同，柔道的字面意思是“柔之道”或柔软而有弹性地、“弯而不折”地战胜困难之道。

在黑泽明导演的著名电影《罗生门》中可以看到某种禅宗的观点。电影背景是中世纪的日本，围绕着路过丛林的武士被强盗谋杀以及妻子被强暴的故事展开。这个故事有四个版本，妻子、强盗、证人樵夫、武士鬼魂说的都是自己的版本。随着不同版本展开，显然已经没有什么实质“真相”了。相反，就像电影里某个角色说的那样，我们留下了一堆谎言。每个版本都有大同小异，都有一定的可信度，却也都有欺骗或虚假成分，不论是有意还是无意的偏见或误解。电影呈现出一个分裂和扭曲的叙事结构。没有一个可以参照的立场或框架，真相由观众判断。

佛的锡杖对你不是助益反成干扰或妨碍。对隐士来说，锡杖妨碍你辨别和判断的能力，因为视线太多到最后就都变成相对或模糊。同样的，如果感知蒙上不确定的阴影武士就无法行动。不过，如果没有出对牌或不知如何玩转手中的牌，任何强求的机缘都不会有纯粹或满意的结果，或是演变成对抗。就像一句逆耳的大实话，拿在手里的杠杆才是真的杠杆。

无门之门

传统的佛教传说中，修行有成者具有例如他心通，看见过去未来因果报应，突破身体限制穿墙或升空的神通。尽管存在觉悟者开天眼的传说，禅宗却将这些能力解释为内在自律和自控的象征，正如某个禅宗大师所说，“我的神通就是担水砍柴”。

日常生活具足各种不确定，不稳定和意外。

即便是已脱离诸多凡夫习气的佛，也还是一个有弱点、缺点、软肋、瑕疵与失败的人。认识到这一点后，佛陀释迦牟尼规定了一个要求，制定僧团每两周忏悔一次的制度，这在今天的禅修中仍可见到。这个规定针对僧众而非主持或师父。惩罚不仅仅视罪责轻重而定（杀生、偷盗、邪淫，滥用神通最严重），还要依据犯下罪行的时间长短。迟迟不坦白会让业力聚结而不是速战速决。

佛教仪式也许会沦落为过于形式或机械的行为，但是它的重要性就像给予运动员和表演者的一份忠告，他们的一举一动都会落入广大观众和同行的眼中，所以“你就是你，量力而为，伺机而动，不勉强造作”。初学者，入门者或初阶者都应该努力突破自我认知的局限，超越与挣脱其束缚。妄自尊大或妄自菲薄都是死敌。

禅道中，万事万物都有一体两面，“双刃剑既能杀人也能救人”。双刃剑的图案同时出现在新约和旧约中。在圣经里，它意味着双重破坏，对邪恶与罪行的加倍惩罚。但是在禅的谜语中，另一刃具有相反作用。赢了某个项目的支持，也许就会错失另一个创举。祸兮福所倚，福兮祸所伏。但是在英语口语中，双刃剑的意思是双重打击。当我们把某物称为双刃剑时，其实是在提醒一些想法或建议的行动将有正反两面结果。

消极和积极总是如影随形。同样，乌云背后总有阳光。迷思也有启发或助益。有时候置身事外也是一种优势，不了解同事间的矛盾使得你客观中立地对待各方。说不定失败帮了你一个大忙。如果有惨痛胜利，就一定有虽败犹荣，因为你在知见上获益良多。

当棒球手左撇子海涅还是一个在邻居家球场玩棒球的孩子时，他常在心里想，“如果能去大联盟比赛投上一个球，人生无憾了。”在后来的赛季上，他见到了自己最喜爱的投手罗宾·罗伯茨，他是那个时代最伟大的投手之一，不过当时已过了巅峰期，罗宾·罗伯茨在一场关键比赛的后半段放弃了一次全垒打机会。可是这位明星球员，尽管被经理推搡、耳边尽是观众的嘘声，他那天离开球场时却没有夹着尾巴垂头丧气。他不行了吗？不！他比起任何时候都更加是我的英雄。

这个转身离开的例子似乎与沩山踢倒净瓶稍有不同，但是两个例子的主人公都以淡定高超的视野超越当下，触动并转变了在场每个人的看法。不论短期内成功与否，保有人格尊严与完整能让你东山再起。

当被你低估的对手抢占先机时，你意识到自己棋差一着，或是惊讶于对手最后一刻后来者居上。因骄傲自大而出局或勉为其难是常见的错误。这会让你无视当场的逆转和反击，或是反应迟钝、无动于衷。如果你出于报复或憎恨采取使资源不可再生的“焦土”政策[1]，你就是牺牲尊严换取短期利益。

有效的对策是，在早期先发制人的阶段认识到自己比预期弱，因此准备好随机应变。如果你因为他人的事不堪重负而无法分辨狐狸与佛，记得从EPA出发，不以极端情感回应，用高层次的直觉净化反应。

当虚张声势和伪装被揭穿，大丈夫外交的结果是意识层次的建设性调整。从耐克“想做就做”的神学转变成安飞士租车的“我们是第二，我们更努力”。这便有了选择后退或撤离的时间，然后可以选择自己的战场或创造机缘。

电视剧《罗拉》里面曾经有一个房产中介，也许有时候你需要用她那样的态度来站稳脚跟。罗拉的男朋友在买房最后一刻提一堆不合理要求，搅黄了一桩铁板钉钉的买卖，结果这是因为他真的想逃婚。买卖最终泡汤时，他的房屋中介一脸鄙视地凑上去说，她这辈子也没这么耻辱过。然后她一转身用一句话收尾，“如果要找另一套房子，这是我的名片”。

有时候也有“庭院深深”这样的偶然发现。有一天附近一帮孩子们的朋友突然来我们家，他们走的时候屋子里每件东西都乱了套。当发现我们喜欢的一辆自行车不见时，我们翻遍了前院、后院的每

① 政策焦土政策（Scorched earth，又称焦土作战）是一种军事战略，此战略包括当敌人进入或撤出某处时破坏任何可能对敌人有用的东西。

一处树丛，还有房子左边的车道。真的是他们拿走了自行车吗？没有可以相信的人吗？

几天后，在我们放弃寻找后，其中一个孩子碰巧经过房子边上一条少有人走的路，我们没去那找是因为它紧挨着隔壁房子。丢失的自行车在那！我们从中学到，你永远也无法完全彻底地检查每样东西，总有伴随负面而来的正面惊喜等着你。同样地，前辈在“玻璃房”事件上了解到，他需要逆流而上，转危机为机会。

孔子说，“吾十有五而志于学，三十而立，四十而不惑，五十而知天命，六十而耳顺，七十而从心所欲不逾矩”，走出一条持之以恒，内外合一的道路需要时间。禅的目标就是在正确原则上实现内外一致、兼收并蓄，将其应用于所有情况中。

在卡夫卡的《法律门前》故事中，一个乡下人一直等在一个吓人的守门人看守的法律门前，直到为时已晚，最终死去。但是禅宗认为，“无门关易过，因为门在自心”。所以，“像一个没有什么可以失去的人那样敞开双手”吧！难道这不正是自由的另一种言说，一个开天眼的时刻吗？

现在任何时候，对人或事的误读、误解都将创造性地带你接近真相，同时不可避免地夹杂着谎言或幻觉。你可以在“一沙一世界”中发现相互交织着的正负能量。

附录

《碧岩录》全称《佛果圆悟禅师碧岩录》，亦称《碧岩集》，是宋代著名禅僧圜悟克勤大师所著，内容由重显禅师的百则颂古和圆悟的评唱组成，此书在禅林享有盛誉，向有“禅门第一书”之称。

该书每一节的具体结构是：一、垂示，即对该则的案例提示纲要，加以引介。二、列出公案案例，其中夹着注语或评语。三、对该则案例加以评唱。四、列出雪窦重显的颂古诗，其中亦夹注著语或评语。五、对颂古诗作解说性评述。

德山挟复子公案

垂示

青天白日，不可更指东划西；时节因缘，亦须应病与药。且道：放行好？把定好？试举看：

公案（评注）

德山到沩山，

挟复子于法堂上，

从东过西，从西过东，

顾视云："无！无！"便出。（雪窦著语云：勘破了也。）

德山至门首，却云："也不得草草。"

便具威仪，再入相见。

沩山坐次，

德山提起坐具云："和尚。"

沩山拟取拂子，

德山便喝，拂袖而出。（雪窦著语云：勘破了也。）

德山背却法堂，著草鞋便行。

沩山至晚问首座："适来新到在什么处？"

首座云："当时背却法堂，著草鞋出去也。"

沩山云："此子已后，向孤峰顶上盘结草庵，呵佛骂祖去在。"

（雪窦著语云：雪上加霜！）

雪窦禅师为这则公案写的颂：

一勘破，二勘破，雪上加霜曾险堕。

飞骑将军入虏庭，再得完全能几个？

急走过，不放过，孤峰顶上草里坐。咄！

圜悟勤禅师对该颂的评唱

雪窦颂一百则公案，一则则焚香拈出，所以大行于世。

他更会文章，透得公案，盘礴得熟，方可下笔。何故如此？龙蛇易辨，衲子难瞒。

雪窦参透这公案，于节角聱讹处，著三句语，撮来颂出。雪上加霜，几乎险堕。

只如德山似什么？一似李广天性善射，天子封为飞骑将军。深入虏庭，被单于生获。广时伤病，置广两马间，络而盛卧。广遂诈死，睨其傍有一胡儿骑善马，广腾身上马，推堕胡儿，夺其弓矢，鞭马南驰，弯弓射退追骑，以故得脱。这汉有这般手段，死中得活。雪窦引在颂中，用比德山再入相见，依旧被他跳得出去。看他古人，见到、说到、行到、用到，不妨英灵。有杀人不眨眼的手脚，方可立地成佛；有立地成佛的人，自然杀人不眨眼，方有自由自在分。

如今人有的问著，头上一似衲僧气概，轻轻拶著，便腰作段、股作截，七支八离，浑无些子相续处。所以古人道："相续也大难。"看他德山、沩山如此，岂是灭灭挐挐的见解？再得完全能几个！

中 央 编 译 出 版 社 部 分 新 书 推 荐

思维修丛书

将您带入禅意人生

修身养性　滋润灵魂

现代社会节奏紧张。职场白领在追求成功富足的同时，拥有一颗禅心——既能冷静地观察世界，又能强有力地行动乃是一种至高境界。中央编译出版社精心打造的《思维修丛书》并非阐述宗教或禅学，而是一批国内外文化名家以行云流水般的文笔表达职场禅意的开悟丛书，以引领职场白领真正进入“宠辱不惊，看庭前花开花落；去留无意，望天空云卷云舒”的意境。该套丛书突出的特点是：用经典的故事、洗练的文字、充满智慧的言语形象完美地表达职场之禅，从而达到滋润读者灵魂、重塑自我形象之目的！主要书目有《白领禅》《瑜伽梦》《禅缘心路》《禅意人生》《养心斋》《夜行的鸟》《中国式心灵智慧》《色彩正能量》《看透人生悟透爱》《人可能进化的心理学》等。非常适合职场白领、知性人群阅读！

书名：《白领禅》

作者：〔加〕史蒂文·海涅

翻译：丘丽君

定价：*48.00*

解读内心切身感知

实现禅道最高使命

看山是山，看山不是山，看山还是山。本书为你找出生活压力的根源，讲述禅的力量，阐述禅与领导力。教你怎样化冲突为机遇，既见森林，更见树木……

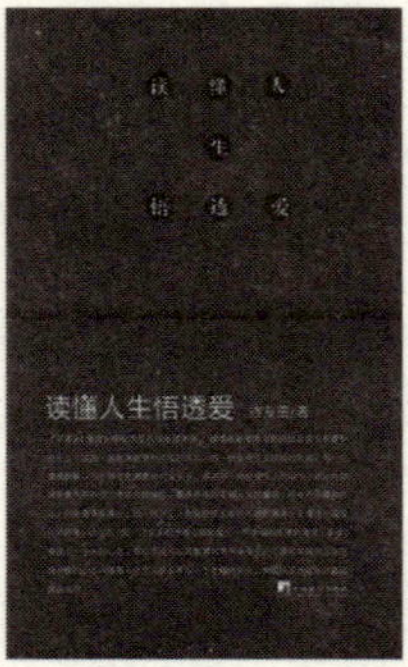

书名：《读懂人生悟透爱》
作者：矫友田
定价：68.00 元

这是一本身心修行的畅销书
这是一本能让读者读懂人生、悟透爱的书
《读者》《格言》签约作家、畅销书作家矫友田倾情奉献的最新力作

书名：《瑜伽梦》
作者：张怀明
定价：48.00 元

一本帮助人们通过修习瑜伽、追求身心健康、调息冥想、归于本我的心灵读本
作者通过多年潜心的修习、研究瑜伽，总结出人类“青春秘密”——十式瑜伽，它包含了体位、呼吸、冥想、饮食等在内的一个完整体系。

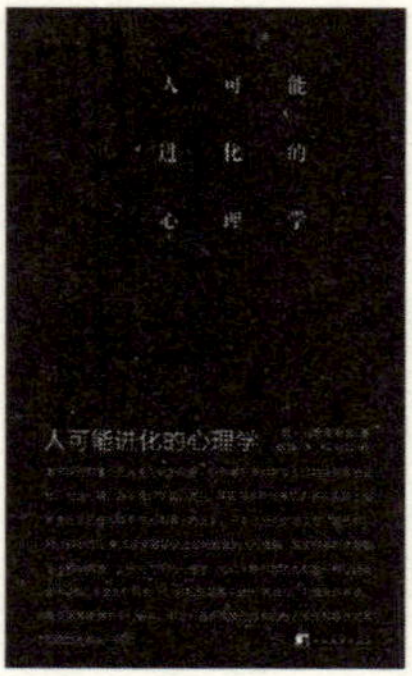

书名：《人可能进化的心理学》
作者：〔俄〕 邬斯宾斯基
翻译：郭静 孙霖
定价：32.00 元

尽管我们只有一个身体，但是基于时代、地域和文化背景的差异，每个体系所用的专门语言即进行自我观察时独有的标识系统和自我发展的路线图都是不同的。

书名：《夜行的鸟》
作者：〔印〕 斯瓦米·吠陀
定价：48.00 元

夜行的鸟可以看透黑夜——对于在夜晚寻找灵性的人来说，灵性的特点正是这样。
即使身体已然疲乏，人还是可以唤醒自己的潜意识继续去追寻。本书作者在世界冥想传统界是以超出常人的渊博知识以及对这互相之间内在联系的熟谙而闻名于世。

决策者的战略手册
投资者的行动指南

书名：《中国超级经济》

作者：〔加〕殷敬棠（JASON INCH）

定价：68.00 元

一位世界著名的青年经济学家通过二十年的实地深度调研，对中国经济、人文以及政府领导人发表了独特见解。中国是如何在从里到外的变革中成为下一个世界超级经济大国的？本书给您答案。

书名：《国富新论》

作者：翟玉忠

定价：42.00 元

这是一本投资者、经济领域工作者、从事中国经济理论研究的学者不可或缺的参考书。

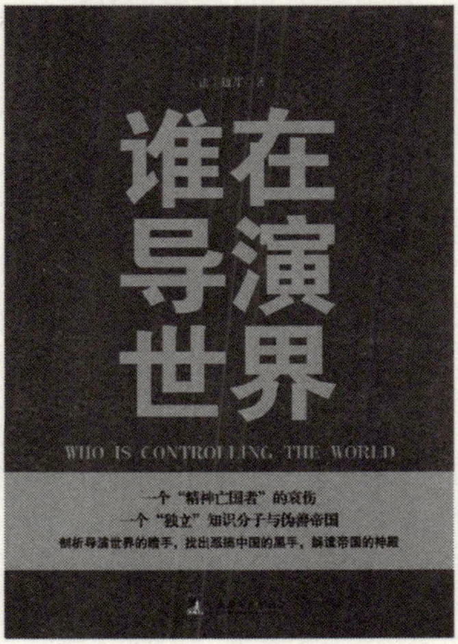

书名：《谁在导演世界》

作者：〔法〕边芹

定价：48.00 元

一个“精神亡国者”的哀伤

一个“独立”知识分子与伪善帝国

剖析导演世界的暗手，找出恶搞中国的黑手，解读帝国的神殿！

书名：《CIAH 超常谑心术》
作者：何跃青　刘亚飞
定价：28.00 元

这是一本让人心变得不再复杂的书。
这是一本教你见微知著、察言观色、读心识人的书。
这是一本教你破译人思想密码的书。

书名：《CIA 超级攻心术》
作者：何跃青　蔡永贤
定价：28.00 元

这是一本教你观察入微、灵活智取、攻心有术的书
这是一本教你破译他人心理密码的书
超级攻心，尽在其中。

书名：《CIA 超强阅人术》
作者：何跃青 刘秋炎
定价：28.00 元

这是一本让你了解如何去阅读一个人的内心世界的书。
阅人不走眼，瞬间看透对方，让谎言无处藏身，这不再是天方夜谭！

书名：《CIA 超心理学》
作者：何龙
定价：28.00 元

让 CIA 特工告诉你，什么才是真正的内心强大。超能力并非只存在于科幻小说中，它就在你的心里，谁都可以成为“超人”！